Das Buch der praktischen Magie

Der vollständige Kurs zur Ausbildung magischer Fähigkeiten

von

Aron

ISBN 978-3-89094-714-3

Inhaltsverzeichnis

Vorwort

Grundlage dieses Buches sind Kurse in praktischer Magie, die ich Mitte bis Ende der 90er Jahre in Hannover gab.
Anfangs unterrichtete ich zusammen mit Leah Levine; später in veränderter (dieser) Form allein.
Meine Lehrer sind neben einigen, die nicht genannt werden möchten: mein Vater (seines Zeichens Mentalenergetiker/Heiler), der mich bereits zu Beginn der Pubertät in das Energiesystem des Menschen, die Energiearbeit und die Huna-Meditation eingewiesen hat; Leah Levine, die mir sowohl die hermetische und die Chaos-Magie zeigte, als mich auch in Wicca initiierte und Lotan, dem ich auf meinem Weg viel Wissen und Inspiration bezüglich Meditation und Trance verdanke.
All dies Wissen und die Inspiration fließen in dieses Buch ein und machen es (so denke ich) zu einem runden Komplettwerk – herzlichen Dank dafür.
Um überhaupt zu verstehen, was magisches Arbeiten bedeutet und was es benötigt, sollten die "Bestandteile" (Wille, Imagination, Trance) der Magie und die entsprechenden Übungen bekannt sein. Viele Bücher beschreiben unnötige und verwirrende Praktiken/Rituale. Wer die Übungen in diesem Buch ernsthaft durchführt wird befähigt sein, allein durch die Konzentration auf ein gewünschtes Ergebnis dieses auch zu erzielen. Wir befinden uns dann in der sogenannten Zone der Magie der leeren Hand. Die beschriebenen Rituale und Schulungen sind auf dem Weg dorthin aber ein wichtiger Schritt, der unbedingt getan werden sollte. Auch ich bin diesen Weg gegangen; wir erlangen dadurch die nötige Sicherheit, energetischen Schutz (wer Magie ausübt zieht auch negative Energie an, wie das Licht die Motten) und die Möglichkeit der gebündelten Fokussierung.
Unvorbereitet schwierige und damit gefährliche Rituale durchzuführen, gleicht der Fahrt eines Menschen, der noch nie Auto fuhr und sich gleich in einen Maserati setzt … Unfälle sind vorprogrammiert. Diese können im Straßenverkehr wie auch im magischen Bereich unangenehme bis tödliche Folgen haben.
Ich verzichte auf langwierige Einleitungen und Erklärungen (mich haben sie jedenfalls immer gelangweilt und teils auch verwirrt) und werde schnell zum Kern kommen; sollten sich Fragen ergeben, bin ich über den angegebenen Link kontaktierbar und gerne behilflich. Dort finden sich auch Tonbeispiele der beschriebenen Intonationen; diese sollten auch unbedingt vor z. B. dem Praktizieren des „Kleinen bannenden Pentagramm-Rituals" angehört werden

– denn es kommt nicht nur auf die Worte, sondern auch (und fast noch mehr) auf die Schwingung und damit auf die Energie an.

Manchen mag rituelle Magie nicht liegen – aber auch für jene kann dieses Buch durchaus eine Quelle der Inspiration sein – denn es ist auch durchaus möglich, dieses Buch zu nutzen, ohne Rituale zu zelebrieren. Die beschriebenen trancefördernden Techniken, Willens- und Imaginations-Übungen (inklusive des Positiven Denkens) reichen völlig aus, um auf dem mystischen Weg voranzukommen. Hierbei handelt es sich dann ausschließlich um den Weg nach innen – ohne direkte Veränderungen in der "universellen" Realität bewirken zu wollen.

Apropos Worte: vorsorglich sei erklärt, daß ich der deutschen Rechtschreibung nicht folge, was die Benennung von Sonn/e und Mond/in betrifft – der Sonn steht nämlich für die männliche (solare) und die Mondin für die weibliche (lunare) Energie und somit heißt es für mich "der Sonn" und "die Mondin". Weiterhin ersetze ich "man" durch "Mensch", um die sprachliche Gleichstellung der Frau zu unterstützen.

Kontaktaufnahme, Tonbeispiele der beschriebenen Rituale und alles zu den Kursen unter www.magie.aron-wagner.de und weiteren Angeboten.

Nun wünsche ich neben der benötigten Ausdauer, Ernsthaftigkeit und Konzentration viel Vergnügen auf Eurem magischen Weg, zunehmende Bewusstheit und ein kraft- und freudvolles Leben.

I. Theorie der Magie und ihre Modelle/Maximen

a) Magie – was ist das?

„Magie ist die Kunst und Wissenschaft, mit Hilfe veränderter Bewusstseinszustände im Einklang mit dem Willen Veränderungen in der universellen Realität herbeizuführen.“

„Magie“ bedeutet:

– Choreographie der “Energie(bewegungen)“.
– Macht (machen).
– Entwicklung des Willens.
– Selbstfindung (auch durch Kontakt zum Unterbewusstsein) und seelische Gesundheit.
– Überwindung des Zensors (Wächter des real Möglichen bzw. gelegentliche, willentliche Ausschaltung.

Voraussetzungen:

– Wille,
– Imagination,
– Trance (veränderter Bewusstseinszustand),

ergibt die Formel: M = W + I + G.

M – Magie.
W = Wille.
I = Imagination (Vorstufe: Visualisation).
G = Gnosis (Trance).

b) Maximen der Magie

Wissen = Zielgerichtetheit.
Achten der (kosmischen) Gesetze.
Know-how.
Intuition.
Wollen = Ernsthaftigkeit.
Nach Entschluss weder Zaudern noch Angst.
Voller (Kraft-)Einsatz.
Willenssatz und Formulierung klar.

Wagen = Angstlosigkeit, Mut, Risikobereitschaft (während des „Aktes“ der Magie), Vertrauen in sich selbst.

Schweige = Rituale, Gruppen, Vorgehensweise etc. gehen niemanden etwas an.

c) Kosmische Gesetze

1. Kausalität — Ursachen, die durch das Denken oder Handeln gesetzt werden, bringen Ergebnisse (keine Strafe!!!).
2. Analogie — Wie oben, so unten; Im Kleinen das Große (Universum aufgebaut wie ein Atom).
3. Resonanz — Was wir aussenden, werden wir auch empfangen (auch, was wir denken).
4. Wiedergeburt — Mehrere (viele) Leben, um zu lernen.
5. Ausgleich — Alles wird erfahren.

Achte auf Deine Gedanken, denn sie werden Worte.
Achte auf Deine Worte, denn sie werden Handlungen.
Achte auf Deine Handlungen, denn sie werden Gewohnheiten.
Achte auf Deine Gewohnheiten, denn sie werden Dein Charakter.
Achte auf Deinen Charakter, denn er wird Dein Schicksal.

(Talmud).

d) Modelle der Magie

Es gab/gibt in den verschiedenen Traditionen, geschichtlichen Zeiten und Kulturen verschiedene Ansichten und damit Modelle der magischen Welt(en) und den Möglichkeiten, in/mit ihnen zu arbeiten.

Geistermodell:
- Arbeit mit Wesen, Geistern, Dämonen, Göttern, die ausschließlich im Äußeren „gesehen“ werden (Spiritismus).
- Arbeit durch Sprache, Symbole, Sigillen des Geistwesens (Schamanismus).

Energiemodell:
- Arbeit mit Geist und Körper; werden als eine Einheit gesehen.
- Wesen außerhalb existieren nicht.

- Bereiche: Hypnose, Suggestion, Heilschlaf, Fasten, Kristallarbeit, Handauflegen etc.
- Wissenschaftliche Methode.

Psychologisches Modell:
- Geistwesen im Inneren und Äußeren sowie Manipulation der eigenen Psyche (Kombination der vorig erklärten Modelle und somit umfassendste, kompletteste Methode).
- Magier/in erschafft Geister oder arbeitet mit bereits vorhandenen Wesenheiten/Kräften/Energien und orientiert sich am Ergebnis (Empirie und Pragmatismus).
- Es wird durch die Kraft des Unterbewussten gearbeitet.

Kybermagisches Modell:
- Aktivierung eines bestimmten Nackenpunktes (äußerst fraglich).

e) Techniken der Magie

Die magische Tradition benennt 5 Techniken auf dem Weg zum Priester. Die ersten vier sind, streng genommen, aber lediglich Mittel, um die Illumination – die Erleuchtung – zu erlangen.

1. Divination.
2. (Ver-)Zauber(-ung).
3. Invokation.
4. Evokation.
5. Illumination.

Divination

Umfasst all jene Praktiken, mit denen die/der Magier/in versucht, seine Wahrnehmung mit magischen Mitteln zu erweitern.

Arten:
- Losen (Karten, wie z. B. Tarot; Runen; I-Ging …).
- Vision/Halluzination (Kristallkugel; Schwarzspiegel; Fernseher auf Schnee..).

Ziel: Zukunftsschau und Entscheidungsfindung.
Mittel: Methode der Divination.
Nötig: Interpretation (Übersetzung für das Bewusstsein).

Nicht auf Resultate warten; während des "Aktes" am Ergebnis desinteressiert sein – sonst besteht die Gefahr, dass das Bewusstsein/der Zensor das Ergebnis durch Hoffnungen, Wünsche, Ängste etc. verändert oder zerstört.

Zauber/Verzauberung

Umfasst all jene Praktiken, mit denen die/der Magier/in versucht, die (universelle) Realität zu beeinflussen.

Über das Ergebnis sollte während des Aktes der Verzauberung nicht nachgedacht werden.

Die Aufmerksamkeit auf die abstrakte bzw. analoge Entsprechung (z. B. Steine stehen für Feinde) oder das geschaffene Zeichen (Sigill) lenken; nicht an eventuell zu beeinflussende Personen denken.

Bewusstsein dämpfen; Unbewusstem Kraft geben; Zensor ausschalten (Trance).

Wirksamste Zauber: Abstraktionen (z. B. Sigillen, Mantren, ...).

Invokation

Willentliche Einstimmung des Be- und des Unterbewusstseins auf eine archetypische oder sonstige signifikante Gedankenverbindung (z. B. Gottformen oder mythische Gestalten).
Sie erzeugt Zustände der Inspiration und/oder Besessenheit, während deren Zauber, Divinationen und (gelegentlich) auch Evokationen durchgeführt werden können.

Drei Stufen: (Information über z. B. die Gottheit).
- Identifikation mit der Gedankenverbindung (Gottform).
- Gnosis (als Trance und mystische Verbindung).
- Manifestation der Kräfte durch das Unterbewusstsein (Besessenheit).

Zwei Formen der Invokation:
- Kraft (in sich) halten und agieren.
- Kanal für die Kraft sein (Durchfluss).

Übersteigerte Invokationen sollten gerade zu Anfang tunlichst vermieden werden – Gefahr der Schizophrenie.

Die Gottheiten sollten also nicht zu viel Macht in dem Körper erlangen. Nie einfach nur „so zum Spaß“ invozieren, sondern solide Ziele beachten; und positive Gottheiten/Kräfte anrufen!!!

Evokation

Arbeit mit Wesenheiten (und Gottheiten), die auf “natürliche“ Art vorkommen oder von mir erschaffen werden. Sie bestehen entweder als Geister (unabhängig), als Fragmente des Unterbewussten oder als Egregore (Arten) von Lebewesen (z. B. Elementale).
Sie werden für Zauber, bestimmte Aufgaben oder als Hilfsmittel zur Divination benutzt.

Drei Schritte:
- Einpflanzung der Wesenheit im Unbewussten (fällt bei bereits existenten Wesenheiten weg bzw. wird durch Information über diese ersetzt) – nach Anforderung/Bedarf mit entsprechenden Eigenschaften versehen – und mit Sigill manifestieren.
- Belebung (z. B. durch Sexualmagie oder Zorngnosis – bei Schadenszaubern).
- Auf das Ziel loslassen/Aktivierung.

Zwei Möglichkeiten der Schaffung:
- Imagination, Phantasie (zu Beginn der “magischen Karriere“ tunlichst unterlassen).
- Ritual (Kreis bilden; außerhalb ein aufrechtes Dreieck, das vom Kreis weg zeigt, ziehen – beides mit Salz nachziehen).

Aufmerksamkeit während der Trance auf die materielle Basis, die im Dreieck liegt, richten; Befehle auf die Wesenheit projizieren bzw. verbal manifestieren. Die materielle Basis kann aus allen möglichen Materialien sein (Stein, Holz, Brot, Papier etc.); auf ihr sollte das Zeichen der Wesenheit (Sigill, Mantra, Glyphe) gemalt sein.
Wesenheiten sind Diener und keine (gewisse Ausnahmen) Berater; auf keinen Fall sind sie Freunde – immer im Zaum halten, keine Ratschläge annehmen und auf keinen Fall zusätzliche Macht geben.

Vier Arten von Wesenheiten decken die folgenden Bereiche der Magie ab:
- Komplexe Zauber.
- Divination (bei Problemfällen).
- Magische Verteidigung/Angriffe.

- Arbeiten zur Oktarin-Magie (Hohe Magie).

Wesenheiten werden, wenn sie nicht von vornherein nur eine begrenzte Zeit leben, durch das gleiche Ritual wie zur Schaffung wieder aufgelöst; die Energie wird von mir absorbiert.
Ausnahme bei Evokationen bilden die Gottheiten. Sie werden nicht in ein außenstehendes Dreieck gerufen, sondern in den Kreis.

Vorgehensweise:
- Kreisaufbau (Gnostische Bannung, Salz/Wasser-Reinigung, KbPR, Mentalmagie).
- Materielle Grundlage auf den Altar oder einen anderen Platz im Kreis legen.
- Anrufung und Evokation in die materielle Grundlage.
- Eventuelle Arbeit mit der Energie.
- Eventuell Verabschiedung.
- Kreis auflösen.

Illumination

Willentliche Selbstmodifikation durch Magie (Verzauberung).
Schwächen können aufgelöst und Stärken gefördert werden; die Persönlichkeit kann "gestylt" werden.
Es geht bei der Illumination um Formen der Selbstverwandlung, die messbar sind und eine Verhaltensänderung im ganzen Leben bewirken können. Es sollten Formen genommen werden, die der Selbstvervollkommnung dienen und genau spezifizierbar (bestimmbar bzw. festzulegen) sind.

Werkzeuge:
- Invokation (Erfahren der Kraft).
- Verzauberung (Manifestation des Gewünschten).
- Positives Denken/Mentalmagie.
- Metamorphose.

Die Illumination ist also eine Manipulation des Geistes (Suggestion), indem ein Glaube durch rituelle Handlungen eingepflanzt wird. Sie ist wirksamer als jede andere magische Waffe, da sie der Kern der Magie ist.

II. Magische Übungen und Techniken

Um wirkungsvoll Magie ausüben zu können, muss zunächst die Aufmerksamkeit (= Konzentration = Wille) soweit aufgebaut werden, bis das Bewusstsein in einen tranceähnlichen Zustand eintreten kann.
Dieses erreichen wir, indem wir folgende Übungen und Techniken konsequent über einen langen Zeitraum bzw. unser Leben lang praktizieren. Diese Übungen werden stufenweise absolviert und bauen aufeinander auf. Folgende stelle ich vor:

- Bewegungslosigkeit.
- Steuerung der Atmung.
- Beenden der Gedankentätigkeit (innerer Dialog).

Parallel dazu sollten folgende trancefördernde Techniken (aus-)geübt werden:

Konzentration auf:
- Klänge.
- Gegenstände.
- (mentale) Bilder.

Bewegungslosigkeit

Zu jeder Zeit praktizierbar; ob bei der Arbeit, im Kino, bei Freunden, ... – so oft wie möglich üben.

- Bequeme Haltung einnehmen (anfangs auch ruhig liegend) und nichts (weder Körperteile, noch Wimpern, Zunge, Augen – anfangs ruhig geschlossen lassen) bewegen.
- Passive Beobachtung meiner Person; die Ergebnisse jeder Übung werden in das "Magische Tagebuch" (MTb) eingetragen.
- Diese Übung zu Beginn ca. 5 Minuten praktizieren und dann die Zeitspannen langsam erhöhen – die nächste Übung kommt bei Erreichen einer Zeitdauer von 15-20 Minuten hinzu.

Steuerung der Atmung

Kommt bei dem Erreichen eines bewegungslosen Zustandes hinzu; d.h. die Bewegungslosigkeit wird beibehalten und durch die Atmungssteuerung erweitert.

- Den Atem langsam und tief werden lassen; das Bewusstsein ist auf den Atem gerichtet.
- Ebenso passive Beobachtung meiner Person inkl. Eintragung in das MTb wie bei der Bewegungslosigkeit.
- Ebenso mit 5 Minuten beginnen und die nächste Übung bei Erreichen einer Zeitdauer von 30-35 Minuten hinzunehmen (falls sich dieser Zustand nicht schon automatisch durch das Praktizieren der ersten beiden Übungen eingestellt hat).

Nicht-Denken

Die ersten beiden Übungen dienen "nur" zur Vorbereitung auf diesen Zustand; sie haben kaum einen eigenen Zweck (außer der Tatsache, dass sie der Gesundheit dienlich sind): Das heißt also, dass wir, wenn wir das Nicht-Denken anstreben, in einem Zustand der Bewegungslosigkeit sind und kontrolliert atmen.

- Nun ziehen wir uns langsam von allen Gedanken zurück. Anfangs wird eventuell ein wahrer Sturm von Gedanken auf Euch hageln; lasst Euch davon nicht abschrecken.
- Eine Erleichterung kann sein, sich zuerst an ein Wort zu klammern (z. B. OM, Nichts, Mantel, Kopf, ...) und dieses dann nach einiger Zeit loszulassen.

Nach und nach können mit Anstrengung des Willens und großer Konzentration kurze Augenblicke des Nicht-Denkens erreicht werden. Dann gilt es, danach zu trachten, diese Zeiträume zu verlängern. Die Ergebnisse sollten, wie es bei magischen Übungen üblich ist, in das MTb eingetragen werden.

Konzentration auf Klänge

Mit dieser Technik können wir den Teil des Bewusstseins kontrollieren, in dem die Wortgedanken aufkommen.

Wir stellen uns einen Klang vor (imaginieren) und wiederholen ihn immer wieder. Dadurch errichten wir anderen Gedanken gegenüber eine Blockade. Diese Klänge sollten bestenfalls Mantren (Om, Aum, Abracadabra, Om Mani Padme Hum, Zasas Zasas Nasatanata Zasas, ...), können aber auch Worte oder Silben (oder gar ein Ton oder Geräusch) sein.

Diese Technik der Klangformation bildet die Grundlage für Worte der Kraft (s. Sigillenmagie) und zu bestimmten Formen der Beschwörung (Anrufung von Gottheiten) und Zauberverhängung (Spruchzauber).

Konzentration auf Bilder

Mit dieser Technik können wir den Teil des Bewusstseins kontrollieren, in dem bildliche Gedanken auftreten.

Wir wählen eine einfache Form (z. B. Dreieck, Kreis, Quadrat, Kreuz, zu- und/oder abnehmende(n) Mond(in), …) und behalten sie ohne Verzerrung so lange wie möglich im geistigen Auge.
Zur Erleichterung kann die gewählte Form aufgemalt werden; dann starren wir sie an, merken sie uns und schließen die Augen (und sehen die Form natürlich weiterhin vor unserem geistigen Auge).
Zu Beginn üben wir dieses mit geschlossenen Augen; später sollten wir eine Form/ein Bild mit offenen Augen auf eine Leerfläche projizieren können (z. B. Wand).
Die Konzentration auf Bilder bildet die Grundlage der Sigillenmagie und der Mentalmagie.

Konzentration auf Gegenstände

Mit dieser Übung stärken wir unsere (magische) Willenskraft und unsere Konzentrations- und Trancefähigkeit.

Dazu starren wir einen Gegenstand (Fleck, Kerze, Stern, …) ununterbrochen mit dem magischen Blick ("durch die Dinge hindurchschauen") an. Er sollte dabei aber klar bleiben, die Dinge klar sehen.
Zu Beginn empfiehlt sich eine Zeitdauer von wenigen Minuten; nach einiger Zeit sollten wir diese Übung eine, wenn nicht mehrere Stunden praktizieren können.
Es ist damit zu rechnen, dass das Auge versucht, auszuweichen oder das Bild verzerrt/verschwimmen lässt; außerdem können die Augen tränen oder schmerzen. Durch diese Probleme kommen wir aber hindurch, wenn wir trotzdem konsequent trainieren.
Denken wir "zwischendurch" an andere Dinge, gilt es, immer wieder zur Übung zurückzukehren bzw. diese Gedanken mittels Gedankenkontrolle abzuschalten.

Weitere magische Übungen, die unsere persönliche Freiheit stärken und uns unabhängiger und gelassener machen, fasst Mensch unter dem Namen “Metamorphose“ zusammen. Ich stelle hier 3 Techniken vor:

- Lachen/Lachen.
- Nicht Verhaftetsein/Nicht Desinteresse.
- Änderung von Verhaltensweisen/Angewohnheiten.

Die Metamorphose wird auch als das “Tun und Nicht-Tun“ bezeichnet. Sie ist eine Übung bzw. sind Übungen zur gewollten Neustrukturierung des Bewusstseins oder Teilen des Bewusstseins.

Die Hohe Magie erkennt die Dualität(en) an, die in der universellen Realität (vor)gegeben sind (Hass/Liebe, Freude/Trauer, hell/dunkel, heiß/kalt...), versucht aber nicht, sich nur mit “schönen, erfreulichen“ Dingen zu beschäftigen (sonst bestünde die Gefahr des unfreiwilligen Hochkommens negativer Schatten-Seiten). Sie strebt vielmehr danach, eine beliebige Sichtweise/Haltung einer Situation auf eigenen Befehl annehmen zu können. Diese folgend beschriebenen Techniken haben sich als besonders geeignet erwiesen, dieses zu ermöglichen.
“Selbst eine geringfügige Macht, sich selbst zu (ver)ändern, ist wertvoller als jede Macht über das äußere Universum“ (denn sie bedeutet wahre Freiheit).

Lachen/Lachen

Technik/Mittel gegen Unausgewogenheit und eventuellem Wahnsinn magischer Trance.
Sucht die Erfahrung in allem, was Euch freut und amüsiert, was neutral und sinnlos ist, aber auch in Schrecklichem und Empörendem. Lachen umfasst alles; weinen ist lediglich eine Form unterdrückten Lachens.
Versucht, beständig (so oft, wie möglich) über diesen Geisteszustand zu meditieren und das Lachen auch wirklich zu fühlen.
Über das Ergebnis kann später reflektiert werden; es sollte im MTb festgehalten werden.

Nicht Verhaftetsein/Nicht Desinteresse

Eine Übung, die, ebenso wie Lachen/Lachen, im täglichen Leben und nicht im “stillen Kämmerlein“ praktiziert wird. Dinge sollen leichthändiger berührt werden.

Beispiel: Ein Kind liebt sein Spielzeug z. B. eine Puppe; es hat Interesse daran. Sollte es weg sein, kann es aber durch etwas anderes ersetzt und das alte somit vergessen werden; das Kind ist nicht so sehr diesem einen Ding/dieser einen Sache verhaftet.
Damit verbunden ist auch das Handeln um des Handelns willen und nicht nur, um das Ergebnis dahinter zu erreichen. Während eines Rituals z. B. sollte ich nicht ständig (außer zu Beginn) an das Ergebnis denken; sondern mich auf die Dinge konzentrieren, die ich tue.

Änderung von Verhaltensweisen/Angewohnheiten

Diese Übung/Technik hängt eng mit der vorher beschriebenen zusammen. Das (eigene) Leben sollte nicht an einzelnen Dingen/Eigenschaften/ Angewohnheiten etc. hängen.
Wir erschaffen uns also kleine Räume persönlicher Freiheit, indem wir Dinge des täglichen Lebens (ver)ändern.
Wir legen kleine, unwichtige Dinge ab und gewöhnen uns andere, von uns ausgewählte, wiederum an (z. B. Türen statt mit der rechten Hand nun mit der linken öffnen oder morgens, anstatt zuerst in das Bad und dann in die Küche zu gehen, eben zuerst in die Küche und dann in das Bad gehen).

Anfänglich sollte aber nichts verändert werden, das spirituell (z. B. Götter oder der eigene Glaube), emotional (z. B. Liebe bzw. Partner/in) oder egozentrisch (z. B. Lieblingsessen) wichtig ist oder allzu schwer erscheint. Dies könnte die ganze Übung und die Lust am Training gefährden. Später werden die Grenzen des Schaffbaren immer größer und sollten immer mehr verschwimmen/verschwinden.

Die Ergebnisse werden, wie bei allen magischen Übungen und Handlungen in das MTb geschrieben.

III. Positives Denken, “innere Räume“, Traumarbeit

a) Positives Denken

Das Positive Denken (PD) ist genaugenommen eine Form der Gedankenkontrolle, d.h. eine Form der Neuordnung von Gedanken und von Denkmustern. Es wird publiziert von so namhaften Autoren, wie Murphy, Freytag, Silva u.a. Bei diesen bleibt es aber meist auf einer populär esoterischen Ebene – einer eher oberflächlichen Ebene, bei der die Tragweite dieser Methode nicht genau erkannt bzw. beschrieben wird.
So arbeiten namhafte Hexen, wie z. B. Sandra, mit dieser Methode der (magischen) Veränderung; hier genau liegen auch die Möglichkeiten des PD. Es ist die Grundlage bzw. der Anfang der Mentalmagie (Magie der leeren Hand). Ein großer Vorteil liegt auch darin begründet, dass Magie auch ohne Rituale praktiziert werden kann.

Die Einsatzbereiche sind praktisch unbegrenzt; jeder Bereich des Lebens kann verwandelt werden. So ist es z. B. für folgendes einsetzbar: Spiritualität, Gesundheit, Liebe, Geld, Beruf, Sport, Prüfungen, Entscheidungsfindung....

Der Mensch beginnt mit dem PD ein eigenes Drehbuch zu schreiben; konsequent praktiziert zeigt es, dass das eigene Schicksal selbst erschaffen wird – wir finden also von der Opfer- zur Täter- oder besser SchöpferInnen-Haltung.

Selbstverständlich ist, wie in jedem Bereich der Magie und damit des Lebens, dass Beharrlichkeit und stetiges Training die Effektivität erhöhen. Talent spielt hier zwar eine, aber eine untergeordnete Rolle.
Wenn wir beginnen, Magie bewusst zu praktizieren – anfangs auch durch Rituale – ist es nötig, unsere Gedanken unter Kontrolle zu halten bzw. steuern zu können. Denn durch die Steigerung der Kraft unserer Gedanken (z. B. durch die Willensschulung) können wir uns ansonsten, wenn wir weiterhin negativ denken, unser eigenes Grab schaufeln.

Die meisten Menschen (98%) sind in ihrem bisherigen Leben “falsch programmiert“, da in unserer (christlichen) Kultur das Leben als etwas “Schweres“, uns Prüfendes gesehen wird und das wahre Glück nur “im Himmel“ bei unserem “Vater“ zu finden sei.

Daraus entstand eine Erziehung, die uns beibrachte, uns weniger wert als andere zu fühlen ("Nimm dir ein Beispiel an..."). Es wurden Ängste ebenso wie Schuldgefühle, Komplexe, Hass, Minderwertigkeitsgefühle aufgebaut.
Hierfür Täter/innen zu suchen ist müßig; denn die, die uns "falsch" erzogen, wurden ja ebenfalls (v)erzogen und die davor auch....

Außerdem steckt(e) sicherlich keine böse Absicht dahinter, sondern „bestes Wissen und Gewissen". Diese Menschen haben leider nicht erkannt, was sie könn(t)en – wir können dies und können somit auch anders handeln und erziehen.
Nun liegt aber nicht alles in der Erziehung begründet. Teilweise entstanden/entstehen diese Programmierungen auch durch andere Menschen und Situationen bzw. aus einem Gemisch aller Faktoren. Als Kind konnten wir mit manchen Dingen nicht umgehen, da wir es nicht besser wussten und es uns auch niemand besser gezeigt hat.

Beispiel:
Ein Kind wird dazu erzogen, ruhig zu sein und sich selbst zurückzunehmen; denn ein Kind sollte ja auch immer ein gutes Licht auf seine Eltern werfen und sich also so verhalten wie ein kleiner/eine kleine Erwachsene(r) und nicht herumtollen oder gar schreien. Dieses Kind wird in seinem/ihren Leben sehr wahrscheinlich schüchtern und übervorsichtig sein. Daraus könnten dann sehr leicht akute Schwierigkeiten des Umganges mit anderen Menschen entstehen. Macht dieses Kind (WIR) uns dieses aber bewusst, ist der erste Schritt getan, dieses zu verändern.
Ebenso werden wir auch heute noch durch die Meinungen und Gedanken anderer Menschen und durch uns selbst festgelegt. Sprechen oder denken Freunde oder Bekannte über/an uns, dann haben sie ein festes Bild im Kopf, wie wir sind. Dies legt uns fest, bindet Energien – macht uns unfrei/abhängig. Es geht aber im PD bzw. in der Magie gerade darum, frei zu sein. Freiheit bedeutet nicht, viel Geld zu haben und sich somit alles „leisten" zu können; sehr viele reiche Menschen sind mehr als unfrei.
Freiheit fängt bei mir und in mir an. Ich sollte frei im Denken und Handeln sein; frei in meinen Entscheidungen; frei von Angst oder anderen mich einschränkenden Dingen und Gedanken.
Diese Freiheit findet ihre Grenzen lediglich darin, auch anderen Menschen und Lebewesen diese Freiheit zuzugestehen.
Ein weiterer Effekt des PD ist auch, dass die Gehirnhälften ausgeglichen genutzt werden; d.h. wir nutzen nicht nur die in unserer Gesellschaft präferierte linke Gehirnhälfte (Funktion siehe untenstehende Tabelle), sondern auch die

(meist unterentwickelte) rechte Gehirnhälfte. In dieser “normalen“ Welt liegt das Hauptgewicht auf dem Ratio (linke Hälfte); Intuition, Phantasie (rechte Hälfte) etc. werden als nicht zu gebrauchen oder sogar Spinnerei abgetan.

Aufgaben der Gehirnhälften

Linke Gehirnhälfte	Rechte Gehirnhälfte
Regiert rechte Körperhälfte	Regiert linke Körperhälfte
Lineare Bearbeitung	Holistisches Denken
Ratio/Logik	Träume/Kreativität
Mathematisches Denken	Intuition/Imagination
Verstand/Gedächtnis	Sensibilität/Emotionen
Sprache/Planen	Räumliches Denken

Wahrheiten, die wir uns bewusst machen sollten

- Jede Sache hat (wie eine Münze) zwei Seiten; ob ich etwas als positiv oder negativ betrachte, liegt an meinem Blickwinkel/meiner Einstellung. Ich kann eine unangenehme Arbeit vor mir herschieben, das bindet Energien durch das ständige Denken an diese Sache, oder sie schnell erledigen und mich bereits vorher über das Geschaffte/zu Schaffende freuen und es somit verwandeln. Dies gibt mir die Möglichkeit, die Zeit, über die ich frei verfügen kann, noch besser zu genießen (denn ich kenne ja auch das Gegenteil).
- Das Leben ist ein Schauspiel, ein Spaß; ich bin der/die Hauptdarsteller/in; nehme meine Rolle aber ernst.
- Magie sollte nur dann praktiziert werden, wenn ich an mich glauben kann; ansonsten ist der Misserfolg vorprogrammiert.
- Geduld (mit dem Leben, der Magie und vor allem mir) sollte geübt werden; magische Operationen führe ich, während ich sie ausübe, um ihrer selbst willen durch – nicht wegen des Effektes, den ich erzielen will.
- Veränderungen sollten bejaht/akzeptiert werden da das einzig Beständige/Sichere die Veränderung ist; und nicht mal die ist sicher ;-).
- Es sollte ein eigener Maßstab entwickelt werden; ansonsten besteht die Gefahr, dass ich das Leben anderer Leute lebe und die Gesetze anderer Menschen befolge und nicht die aus mir entspringenden – es geht darum,

unser Leben zu leben und nicht das, das andere Menschen von uns erwarten oder durch uns leben wollen.

- Magie wirkt durch das Unterbewusste und das Hohe Selbst. Diesem ist positiv/negativ ebenso wie Zeit nicht „geläufig". Unsere uns beigestellten Kräfte tun alles für uns – egal was wir uns wünschen – also Vorsicht bei negativen Wünschen.
- Es existiert kein „Nein", „Nicht" o.ä. In der Welt des Unterbewussten und des Hohen Selbst – und auch keine Zeit.
- Positiv zu formulieren ist wesentlich einfacher (nach eventuellen Anlaufschwierigkeiten), als alles Negative, das ich vermeiden will, zu benennen (will ich z. B. sicher durch den Tag gehen, ist es einfacher zu sagen "Ich will heute sicher sein", als "Ich will heute nicht von einem Auto angefahren werden und nicht von einem Motorrad; ich will, dass mir kein Dachziegel auf den Kopf fällt..." – wo finde ich da das Ende?). Außerdem existiert ja für das Unterbewusste und das Hohe Selbst kein „Nicht", somit ziehen wir also gerade das an, vor dem wir Angst haben – denn das, was wir denken, formt die Bilder, die in unserem Kopf entstehen.
- Ich kann mir Fehler verzeihen, denn ich lerne ja auch durch sie – sie zeigen mir auch meine bisherigen Grenzen, die es zu erweitern gilt; sollte ich aber etwas aus Angst sein lassen, werde ich immer wieder daran denken, was denn gewesen wäre, wenn ich es getan hätte – das bindet Energie.
- Ein Pro-blem ist auch positiv, denn es gibt uns die Möglichkeit, weiterzukommen – ansonsten hieße es Contra-blem.
- Wir sollten im Hier und Jetzt leben und jeden Tag leben (als wäre es der letzte).
- Leben als glücklichen Pfad/Weg sehen und Gutes erwarten.
- Anderen und uns selbst vergeben – Lösung gebundener Energien (Verletzungen als nicht absichtlich sehen, sondern aus der jeweiligen Situation betrachten).
- Handlungen/Entscheidungen vorher gründlich überlegen; im Nachhinein zwar reflektieren, aber den Selbstvorwurf beiseitelassen.
- Ihr erzeugt, was Ihr denkt; zieht an, was Ihr seid/fühlt; werdet, was Ihr Euch vorstellt.
- Noch einmal: Es gibt Kräfte, die alles für uns tun. Mensch kann Götter anrufen; aber immer mit uns ist der Funke Göttlichkeit, das Hohe/Höhere Selbst (Wesen, Über-Ich, göttliche Instanz, hoher Wille, Wakan-Tanka, ...) genannt. Dieser Funke Göttlichkeit macht den Menschen (pars pro toto = „ein Teil steht für das/ist gleich das Ganze") selbst zur Göttin/zum Gott.

Diese gilt aber auch für andere Lebewesen – habt also Achtung vor dem Leben!
– “Sorgen sind Ängste vor Problemen, die noch gar nicht eingetreten sind.“

Affirmationen/Lehrsätze

Sollten immer mit Visualisation/Imagination gekoppelt sein, da das Unterbewusste in Bildern denkt – nur Affirmationen bringen wenig Erfolg.

– Ich lasse los; meine negative Erwartungshaltung im psychonoetischen Bereich auf Seelenebene und auf allen anderen Ebenen!
– Ich bin gelassen, entspannt, habe Geduld.
– Ich schaffe die Welt; bin Täter (nicht Opfer).
– Ich bin es wert, glücklich zu sein und bin es.
– Ich bin wertvoll; bereichere die Welt.
– Ich kann alles (auch im „praktischen“ Leben).
– Ich habe Erfolg.
– Ich bin in meiner Mitte.

Wann und wie anfangen?

Wann? JETZT!!!
Wie? Verantwortung für das eigene Leben übernehmen und zu Veränderungen bereit sein (das, was war, das war – natürlich aufarbeiten, aber nicht als Entschuldigung benutzen, um zu stagnieren).

Herausfinden „Was will ich eigentlich (vom Leben)?“
– abstrakt: glücklich sein
– konkret: dieses und jenes

Ziel visualisieren/imaginieren – den Weg dahin sollen das Unterbewusstsein und das Hohe/Höhere Selbst finden – freuen, als sei es bereits Wirklichkeit.

Psychologische Barrieren brechen (z. B. „das konnte ich noch nie“ oder „das schaffe ich nur, wenn…“); nur, weil es bisher so und so war, muss es nicht immer so sein.

Sprachgebrauch ändern (ich denke, was ich spreche – zumindest während des Sprechens) – also immer „Positiva“ bilden und in Gegenwart denken.

Positive Lehrsätze bilden (Affirmationen), mit Imagination/Visualisation koppeln und häufig wiederholen.

Eigenen Willen leben; keine Zugeständnisse, die mit schlechtem Gefühl verbunden sind („Vergewaltigung“ des inneren Kindes/Unterbewusstsein und meiner Person).

Handeln, wie ein(e) Krieger/in, d.h. auch, wenn ich die Handlungen anderer falsch finde, (für mich) richtig handeln – geh den Weg des Herzens.

Da alleine das Positive Denken keine Auswirkungen haben wird, stelle ich Euch nun zwei „Techniken“ vor, die mit dem Positiven Denken „gekoppelt“ sein sollten. Das Unterbewusstsein (= schlafender Riese) reagiert auf Bilder (Visualisation), die mit Emotionen (Imagination) verbunden sind.

Visualisation

Bedeutet das Sehen mit dem inneren Auge; mit ihm können wir Szenen aus der Vergangenheit sehen; Menschen, die nicht mehr bei uns sind; uns Dinge vorstellen, Visionen empfangen, Energie „versenden“.

Übungen: Die folgenden Übungen sind hierarchisch aufgebaut, d.h. die erste Übung ist am einfachsten und die vierte Übung am schwierigsten. Mensch sollte erst die nächste Übung praktizieren, wenn die vorherige meisterhaft praktiziert wurde.

Bei allen Übungen gilt eines immer zuerst:

Entspannen (Trance):

1. Gegenstand ansehen (genau), Augen schließen und den Gegenstand vor dem inneren Auge erneut sehen.
2. Raum ansehen, Augen schließen und visualisieren.
3. Szene (z. B. Straße) mit Bewegung ansehen und visualisieren.
4. Gegenstand, der bekannt ist, vor dem Ansehen visualisieren, aufzeichnen und kontrollieren.

Imagination

Wenn die Visualisationsübungen beherrscht werden, können wir zu den Imaginationsübungen voranschreiten. Teilweise ist dies auch parallel zur Visualisation möglich.
Die Imagination bezieht außer das Sehen auch die anderen Sinne (riechen, hören, schmecken, fühlen/tasten) mit ein.

Übungen:

Entspannen (Trance):
5. Lieblingsgericht imaginieren.
6. Frühere Szene(n) imaginieren (z. B. das Essen einer Geburtstagstorte).
7. Idealraum/-haus imaginieren (inkl. Landschaft).
8. Eigens erschaffene Szene imaginieren.

Negative Bilder/Gedanken nicht verdrängen, sondern in Ruhe ansehen (als wäre es ein fremder Gedanke/ein fremdes Bild), verabschieden und entsprechend positiv erschaffen.

Übungen zum Spaß

– Parkplatz dort, wo ich ihn benötige, visualisieren.
– Chaosstern imaginieren, energetisieren und über das 3. Auge „losschicken“ (z. B. in einer vollen Fußgängerzone) – Ihr werdet völlig frei durch die Menschenmassen kommen.
– Weg (z. B. auf einer Straße) freimachen.

Entspannungsmethoden

Eine der wichtigsten Voraussetzungen, effektiv zu visualisieren/imaginieren, ist Entspannung. Die Muster der Gehirnwellen verändern sich; dadurch befinden wir uns in besserem Einklang mit dem Unterbewussten und dem Hohen Selbst. Außerdem werden das Denken an Alltagsdinge und Ablenkungen vermindert und Ängste verringert bzw. genommen.

Beispiele:
1. Alle Körperteile werden (nach und nach) schwer.
2. Alle Muskeln (nach und nach) anspannen und wieder locker werden lassen.
3. IAO-Formel.
4. Gnostische Bannung.
5. Kleines, bannendes Pentagramm-Ritual.
6. Bewusstes Atmen.
7. (kurze) Meditation.
8. Autogenes Training.
9. Yoga.

Vorbereitungen für das Positive Denken

- Diktiergerät anschaffen/Tagebuch anlegen.
- Liste mit „Dingen“, die verändert werden sollen, erstellen (zu Beginn höchstens 5-6) – genau formulieren.

Liste erstellen:
- Wie sehe ich mich selbst.
- Wie, glaube ich, sehen mich andere.
- Wie sehen mich andere (z. B. Freunde fragen).

Zur Beachtung

Hindernisse von außen können hervorgerufen werden (z. B. Neider); denn der Großteil der Menschen denkt „falsch“ und neidet es anderen, sich zum Vorteil zu verändern bzw. glücklich zu sein (denn dann könnten die eigenen „Diskrepanzen“ schlechter verdrängt werden).
ABER der wohl schwierigste Widerstand könnte von Innen kommen (bisherige Programmierungen “wehren“ sich; der psychische Zensor/das bisherige Ich fühlt sich eventuell bedroht).
Dann dieser Stimme die Situation erklären und um Hilfe bitten. Also frohen Mutes weitermachen; glaubt an Euch – Ihr schafft es!

b) Innere Räume

Als Ergänzung zum Positiven Denken ist folgende mentalmagische Übung sehr zu empfehlen und sehr wirksam:

„Kellerraum“:

Du befindest dich in einem Haus. In diesem Haus findest du eine Treppe, die nach unten führt. Sie kann sich hinter einer Tür befinden, unter einer Klappe im Boden, von einem Torbogen gebildet sein, oder, oder, oder ....

- Stufen visualisieren/imaginieren (wahlweise 100, 50, ... 20 – zu Anfang eher mehr Stufen wählen; denn durch das Hinabsteigen gelangen wir in unsere inneren Räume, in denen wir direkt Magie ausüben können und in eine Trance) und diese hinuntergehen (es kann ebenso ein Seil, ein Fahrstuhl etc. visualisiert/imaginiert werden); dabei rückwärts zählen.
- Unten angekommen befindet sich eine Tür (Tor, ...).
- Diese Tür öffnen; dahinter befindet sich ein Raum.

- Diesen Raum (mit viel Zeit bzw. Geduld eventuell nach und nach) einrichten, wie es Euch gefällt – fester Bestandteil: Diaprojektor und Leinwand.
- Diaprojektor einschalten.
- Alte, zu verändernde Situation auf die Leinwand projizieren und dann das Bild immer kleiner und dunkler werden lassen; ist es ganz klein, z. B. explodieren lassen (auf irgendeine Art vernichten).
- Die neue, erwünschte Situation erst klein und dunkel, dann immer größer und strahlender auf die Leinwand projizieren – bis es leuchtend die ganze Leinwand ausfüllt.
- Bild einige Zeit ansehen, „froh und dankbar“ sein.
- Nach Beendigung den Projektor wieder ausstellen und den Weg nach oben auf die gleiche Art (Anzahl der Stufen) wieder hoch gehen.

Später: können von diesem Raum auch noch andere Türen (Räume) abgehen (Labor, Werkstatt, „Zentrum der Weisen“). Erstmal aber nur diesen einen Raum nutzen bzw. komplett ausbauen.

c) Traumarbeit

Zur Traumdeutung (also zur Bedeutung von geträumten Symbolen) möchte ich nichts schreiben, da es bereits sehr viel Literatur zu diesem Thema gibt und ich von einer generell festgelegten Symbolbedeutung von Träumen sowieso nichts halte. Diese sind nämlich schon kulturell unterschiedlich, aber auch von Mensch zu Mensch. Wir alle machen unterschiedliche Erfahrungen und daher sind auch Symboliken verschieden zu interpretieren.
Beispiel: Ein Kind wurde in einem roten Eimer gebadet und hatte dabei immer viel Spaß. Einem anderen Kind wurde ein roter Eimer über den Kopf gestülpt und es damit geärgert; der rote Eimer dürfte in einem Traum also für beide etwas anderes bedeuten.

Bei der Traumarbeit geht es darum, folgende Ergebnisse zu erzielen:
- Traumerinnerung (konstant) aufzubauen.
- Träume deuten lernen (eigene Traumsymbole entschlüsseln).
- Träume beeinflussen.
  - Trauminkubation (Bestimmung des Traumthemas).
  - Luzides Träumen (Bewusstheit im Traum erlangen).

Die Traumerinnerung kann oft schon durch den Entschluss, sich mit den eigenen Träumen zu befassen, gesteigert werden; damit sollte das Anlegen eines Traumtagebuches verbunden sein.

Anfangs ist es empfehlenswert, sich hauptsächlich um die Erinnerung zu kümmern und die Träume aufzuschreiben; später kann die Deutung der Träume hinzukommen (auch mit Hilfe des bereits Aufgezeichneten).
Für das Aufzeichnen der Träume bei einem nächtlichen Aufwachen sollten entweder Stift und Zettel oder ein Diktiergerät neben dem Bett bereit liegen.
Beginnen wir mit der Traumarbeit, sollte z. B. der Wecker früher als gewöhnlich klingeln, damit noch die Zeit ist, sich an die Träume zu erinnern und der „normale“ Tag noch „aus dem Kopf“ bleibt. An eine Szene kann man sich meist erinnern; diese können wir als Angelpunkt nehmen, uns an den ganzen Traum zu erinnern.
Ein sehr gutes Buch zum Thema Traumarbeit ist „Durch Traumarbeit zum eigenen Selbst“ von Strephon Williams.
Ein allgemeines Umgehen mit unseren Träumen praktizieren wir, indem wir uns mit unserem Unterbewussten in Verbindung setzen und ihm von unserem Entschluss, es besser zu verstehen, in Kenntnis setzen. Dazu gehört auch das Deuten der Träume, durch das wir die Sprache unseres Unterbewussten verstehen lernen.

Wichtig ist also eine gründliche Vorbereitung (wie auch unter 1. Klarheit gewinnende Technik beschrieben), und auch die häufige Beschäftigung mit der Traumthematik im Wachbewusstsein.

Bei konkreten Problemen, die wir lösen wollen, arbeiten wir mit der Trauminkubation. Dafür entspannen wir uns (Methoden sind bekannt) und imaginieren (bestenfalls im Halbschlafzustand – also der Schwelle zum Schlaf/Träumen) bzw. suggerieren das Gewünschte.

Die „Perfektion“ der Traumarbeit liegt im luziden Träumen.
Techniken, dies zu erreichen, sind folgend beschrieben:

Prinzipiell sind zwei Wege möglich zu einem Klartraum zu gelangen; entweder gewinnt man die Klarheit im Traum oder man versucht sie beim Einschlafen zu bewahren.

1. Klarheit gewinnende Technik

Vorbereitungen:

- Sich öfter im Alltag (etwa 9 mal) fragen, ob ich mich im Wach- oder Traumzustand befinde.
- Sich dabei vorstellen, dass ich mich in einem Traum befinde.
- Die Frage, ob ich wach bin oder träume, auch bei ungewöhnlichen/ überraschenden Ereignissen/Situation stellen; auch und gerade bei peinlichen Situationen.
- Sollten ungewöhnliche Ereignisse im Traum geschehen, wie z. B. schweben oder fliegen, sich im Wachbewusstsein in eine solche Situation versetzen und sich dabei suggerieren, zu träumen.
- Beim Einschlafen den Gedanken pflegen, dass ich einen Klartraum erleben werde.
- Sich vornehmen, im Traum (jeweils) eine bestimmte Handlung auszuführen; anfangs sollten sehr einfache gewählt werden, wie z. B. eine Handbewegung oder eine von mir praktizierte Technik (von mexikanischen Schamanen stammend): hierbei gilt es, die eigene Hand im Traum anzusehen; dieses wird nach und nach erweitert (Hand, Arm, Bein/e, gesamter Körper (mit Kopf)); haben wir dies erreicht, können wir spätestens beginnen, eigenständig zu handeln. Hierbei ist es wichtig, den Blick schweifen/gleiten zu lassen und es zu vermeiden, uns „festzugucken" – denn dies bringt uns vom luziden Träumen weg.

Bei der Traumarbeit gilt es – wie bei allen anderen magischen Übungen – viel zu trainieren, Geduld zu haben und mit kindlicher Leichtigkeit vorzugehen. Setzen wir uns unter Druck, wird sehr wahrscheinlich nichts gelingen!

Der erste Klartraum kann in der Regel nach etwa 4 bis 5 Wochen erreicht werden; Dauer und Häufigkeit nehmen mit der Zeit zu. Um in einem Klartraum aufzuwachen gilt es, einfach das tun, was oben als nicht empfehlenswert beschrieben wird: sich einen statischen Punkt auszusuchen und ihn anzusehen. Das Bild verschwimmt dann und man träumt normal weiter oder wacht auf.

2. Klarheit bewahrende Technik

Die Klarheit bewahrende Technik dient dazu, das Wachbewusstsein beim Einschlafen zu erhalten und in den Traum mitzunehmen.

Folgende Möglichkeit der Klarheit bewahrenden Technik gibt es:

a) Bildtechnik:
Hierbei konzentriert Mensch sich auf die optischen Erscheinungen beim Einschlafen; diese sind oft sehr flüchtig und es benötigt einige Übung, sie verfolgen zu können. Sie gehen über Lichtblitze über geometrische Figuren bis zu Gegenständen oder Gesichtern; bis sich letztlich ganze Szenarien abbilden. Diese können anfangs recht instabil sein; werden aber mit der Zeit immer sicherer.

b) Körpertechnik:
Hierbei liegt die Konzentration beim Einschlafen auf dem eigenen Körper; folgend beginnt dieser zu erstarren. Diese Starre kann Mensch durch die sogenannte Einkörper- oder Zweikörper-Technik überwinden.

Einkörpertechnik:

Hierbei versucht man die Starre zu überwinden, indem man den erstarrten Körper (imaginär) selbst wieder bewegt. Dies kann erreicht werden, indem man sich (gedanklich) entweder in eine andere Lage oder an einen anderen Ort als den des physischen Organismus, versetzt. Ist das Erleben des eigenen Körpers außerhalb des Bettes stark genug, so löst sich die Starre nach kurzer Zeit wieder auf.

Es kann aber sein, dass dieser Zustand der Starre gar nicht auftritt und Mensch sich sofort ohne die Belastung durch die Starre, an einen anderen Ort – den Traumort – begeben kann. Dieser Ort kann anfänglich dunkel sein, hellt sich aber zunehmend auf. .

Zweikörpertechnik:

Hierbei löst man sich mit seinem zweiten Körper – dem Astralkörper – aus seinem physischen Körper.

Hierauf möchte ich nicht weiter eingehen, da ich diese Technik für gefährlich erachte; denn Astralprojektionen "nur so zum Spaß" verbrauchen Lebensenergie und es besteht ohne Vorbereitungen die Gefahr von Panik durch die Lösung aus dem eigenen Körper oder gar, dass es nicht mehr möglich ist, in den eigenen Körper zurück zu gelangen – dieser würde dann nach kurzer Zeit sterben.

c) Bild-Körper Technik:
Wie der Name schon aussagt, liegt hier die Konzentration gleichzeitig auf den optischen Erscheinungen und dem eigenen Körper. Dabei ist entspannt zu suggerieren, dass der Körper frei beweglich ist.

Hierbei ist die Wahrscheinlichkeit in eine Traumszene zu gleiten relativ einfach, wenn die Vorstellung eines Fortbewegungsmittels (Fahrrad, Bahn, Auto, Schiff, ...) hinzukommt.

d) Ich-Punkt Technik:
Dieser Technik liegt der Gedanke zugrunde, dass auch das Erleben des eigenen Körpers im Traum nur eine vom Wachzustand erstellte Vision ist und man nach dem Einschlafen erleben kann, dass das eigene Ich nur noch aus einem Punkt besteht, die reine Wahrnehmung ist.

Um dies zu erreichen, konzentriert man sich während des Einschlafens auf den Gedanken, dass der eigene Körper bald nicht mehr zu spüren ist. Ist dies dann erlebbar, kann man sich als Ich-Punkt im Raum frei bewegen (zunächst scheint dieser Punkt oft mit dem Raum identisch zu sein, in dem Mensch schläft).

e) Bild-Ich-Punkt Technik:
Wie schon aus dem Namen erkennbar, erweitert diese Technik die vorhergehende dadurch, dass die Aufmerksamkeit auch auf die bereits beschriebenen Einschlafbilder fokussiert wird. Hat sich dann eine optische Traumszene gebildet, kann in diese hineingegangen werden. Der Ich-Punkt kann sogar in Körper anderer Traumgestalten eindringen und sie übernehmen.

Weiterhin gibt es auch noch apparative Methoden; diesen gegenüber bin ich aber äußerst skeptisch eingestellt und möchte sie daher nicht weiter beschreiben. Genannt werden sollen sie aber um eventuell interessierten Leser- und Leserinnen das Vorhandensein dieser mitzuteilen.

IV. Energiesystem des Menschen

„Energie geht (im Universum) niemals verloren; sie kann lediglich (in andere Formen) umgewandelt werden“ (Physikalisches Gesetz).

Die Wichtigkeit der Energie(arbeit) dürfte mittlerweile klar geworden sein. Als theoretischen Hintergrund und auch um zu wissen, wie auftretende Probleme des Energiehaushaltes bewältigt werden können, hier nun eine vollständige Übersicht des menschlichen Energiesystems.

a) Zusammensetzung des Energiekörpers

1. Feinstoffliche – oder Energiekörper.
2. Chakren oder Energiezentren.
3. Nadis (sanskrit = Röhre) oder Energiekanäle.

Zu 1 – Aufgabe und Funktionen der Energiekörper

Die Energiekörper bilden, gespeist durch überschüssige Energien aus den Chakren, die Aura. Sie sind zwar – für den/die Auraseher/in – einzeln erkennbar, durchdringen einander aber. Sie haben Namen.

a. Ätherleib.
b. Emotional- oder Kausalkörper.
c. Mentalkörper.
d. Spiritueller – oder Kausalkörper.

Die Feinheit der Schwingungen nimmt von a. zu d. zu; d. h., dass der Ätherleib aus den grobstofflicheren Energien zusammengesetzt ist und der Kausalkörper die feinstofflichste („spirituellste“) Schwingung aufweist.

a. Ätherleib

– Gleiche Ausdehnung wie der fleischliche Körper (ätherisches Doppel).
– Träger der Gestaltungskräfte für den fleischlichen Körper.
– Träger der vitalen Lebenskraft und aller physischen Empfindungen.
– Vermittler zwischen fleischlichem Körper und „höheren“ Energiekörpern.
– Reagiert sehr stark auf gedankliche Impulse des Mentalkörpers (hier ist die Erklärung des großen Erfolges des Positiven Denkens zu finden).

b. Emotional- oder Kausalkörper

Emotionalkörper:

- Träger der Gefühle (Emotionen) und Charaktereigenschaften.
- Nimmt ebenfalls etwa den gleichen Raum ein wie der fleischliche Körper.
- Ovale Form; Ausdehnung bis zu mehreren Metern.
- Da Träger aller Emotionen auch Träger von unerlösten Emotionen (z. B. Sehnsüchten), Ängsten und Aggressionen, mangelndem Selbstvertrauen.

Kausalkörper:

- Runde, bis zu mehreren Kilometern strahlende Form; höchste Schwingungsfrequenz.
- Göttlicher Teil in uns – Verbindung mit allem göttlichen Sein.
- In ihm ruhen Erkenntnis der Einheit alles Seins (und Sinn des Lebens bzw. Aufgabe).

c. Mentalkörper

- Träger der Gedanken und Ideen, sowie rationaler als auch intuitiver Erkenntnisse.
- Eiförmige (ovale) Ausdehnung.
- Aufgabe: Lösung von rationalen Problemen, aber auch Empfänger göttlicher Schwingungen.

d. Kausalkörper

- Runde, bis zu mehreren Kilometern strahlende Form; höchste Schwingungsfrequenz.
- Göttlicher Teil in uns – Verbindung mit allem göttlichen Sein.
- In ihm ruhen (unitive / einheitliche) Erkenntnis (und Sinn des Lebens bzw. Aufgabe).

Aura

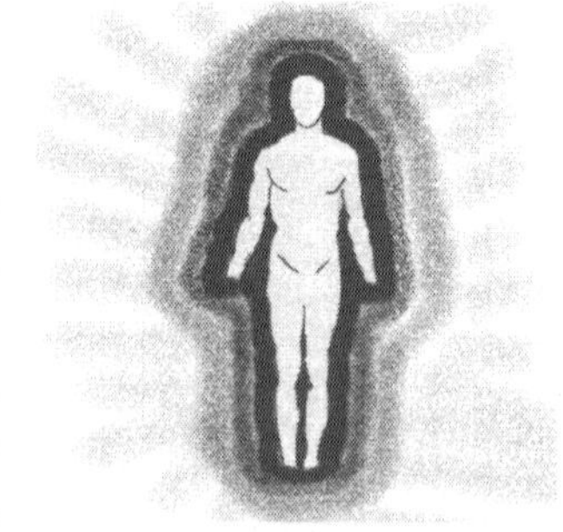

Diese vier Körper bilden also die Aura des Menschen. Sie hat die Aufgabe, den Menschen zu schützen. Sie ist also ein.

- Schutzmantel: hindert Krankheitskeime und Schadstoffe – aber auch negative Energien – daran, in den Körper/Geist zu gelangen. Ein

Mensch mit einer starken, dichten Aura besitzt also demzufolge eine äußerst gute körperliche und geistige Abwehr.
- Mittlerin zu allen Ebenen des Seins (siehe "Aufgabe der Energiekörper").

Aura.
Von innen nach außen: ätherische, emotionale, mentale, spirituelle.

Zu 2. – Aufgaben und Funktionen der Chakren (sanskrit = Rad)

Empfangsstationen für kosmische, irdische, menschliche und andere (Tiere, Pflanzen, Edelsteine ...) Energie/n.

- Speiser der Aura.
- Transformatoren (Energieumwandler).
- Verteiler der Energien (über die sogenannten Nadis).
- Heilungsmöglichkeit über Chakren.
- Durchschnittliche Ausdehnung ca. 10 cm.
- Insgesamt ca. 88.000; davon aber viele untergeordnet bzw. Haupt- oder wichtigeren Nebenchakren zugeordnet (ca. 40).
- Sieben Hauptchakren (weitere 7 feinstofflich je nach oben und unten).
- Eigentlicher Sitz im Ätherleib des Menschen.
- Mit der Wirbelsäule (Sushumna) verbunden.
- Ähneln trichterförmigen Blütenkelchen (Lotusblumen); die einzelnen Blätter dieses Lotus sind die Nadis.
- In jedem Chakra sind alle Farbschwingungen vorhanden; es dominiert aber meist eine Farbe (= Hauptaufgabe – siehe einzelne Chakren).
- Strahlen auf die Umgebung aus – beeinflussen so die Atmosphäre.

Zu 3. – Aufgabe und Funktionen der Nadis

- Leitung der (Lebens-) Energie.
- Insgesamt ca. 72.000 – 350.000 (je nach System).
- In der Akupunktur als Meridian bezeichnet.
- Wichtigste: Sushumna, Ida, Pingala.

Sushumna: Wichtigster Kanal; steigt durch das Innere der Wirbelsäule hoch und setzt sich im Kopf bis zum Scheitelpunkt fort (Träger der Kundalini-Kraft der göttlichen Energie).

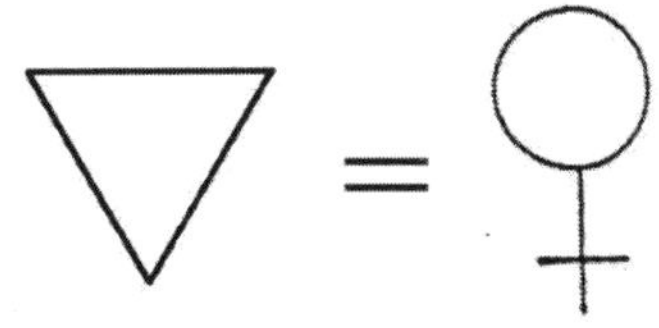

Ida: Trägerin der kühlenden und beruhigenden lunaren Energie.

Beginnt links des Wurzelchakras und endet im oberen Teil des linken Nasenloches; Windet/ schlingt sich dabei spiralförmig um Sushumna; nimmt Energie auf und scheidet Schadstoffe aus.

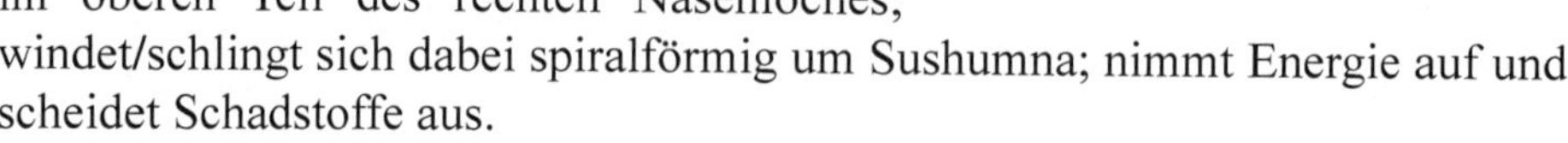

Pingala: Träger der solaren Energie (Glut und Antrieb).
Beginnt rechts des Wurzelchakras und endet im oberen Teil des rechten Nasenloches; windet/schlingt sich dabei spiralförmig um Sushumna; nimmt Energie auf und scheidet Schadstoffe aus.

b) Entstehung von Blockaden in den Chakren und Chakrenarbeit

Bei einem Neugeborenen ist das gesamte Energiesystem noch völlig offen und durchlässig; alle Chakren sind weit offen – es lebt in der Einheit.
Also: Wir sind durch und von Nichts getrennt, außer durch.

ENTSTEHENDE ANGST.

Angst zieht zusammen, bewirkt Kontraktion (Zusammenziehung); damit Verkrampfung bzw. Blockade → Kreislauf der Angst und Anziehung der angstbesetzten Situationen → Auswirkung auf den Umgang mit Menschen (und anderen Lebewesen); eventuell erneute Kontraktion (Zurückhalten von Gefühlen bzw. Anpassung und damit Vergewaltigung eigener Bedürfnisse und Kontrolle der Emotionen).

1. Chakra (Muladhara-, Wurzel-, Basis-Chakra, Steißzentrum)

- Befindet sich zwischen Anus und Genitalien.
- Verbunden mit dem Steißbein; Öffnung nach unten.

Farbe:	(feuriges) Rot.
Element:	Erde.
Sinnesfunktion:	Riechen.
Symbol:	4-blättriger Lotus.
Grundprinzip:	Körperlicher Wille zum Sein.
Körperliche Zuordnungen:	Wirbelsäule, Knochen, Zähne, Nägel (alles Feste), Anus, Rektum, Dick-, Mast- und Enddarm, Prostata, Blut, Zellen.
Drüsen:	Nebennieren.

Aufgabe und Funktionen:
- Verbindung zur physischen Welt (Materie).
- Sexualität als körperliche Funktion (Zeugung).
- Leben und Überleben.
- Fundament von Sushumna, Ida und Pingala.
- Mittelpunkt des feinstofflichen Energiesystems (= Herz des energetischen Körpers).
  Sitz des kollektiven Unterbewusstseins.
- Aufnahme von Erdenergie.

Harmonische Funktion verleiht:
- Lebenskraft, Zufriedenheit, Stabilität, innere Stärke, Leben im Einklang.
- Leichte Zielverwirklichung.
- Vertrauen in das Leben.

Disharmonische Funktion führt zu:
- Denken und handeln kreist nur um materiellen Besitz und Sicherheit sowie um sinnliche Reize und Genüsse.
- Probleme mit Geben und Nehmen.
- „Nichtloslassenwollen“ + „Haben wollen“ (Verstopfung/Übergewicht).
- Egozentrische Befriedigung eigener Bedürfnisse.
- Wut, Ärger, Gewalt (bei Angst vor Verlust z. B.).
- Einstellung: “Die Erde ist ein Ort, der beherrscht und ausgebeutet werden muss“ (Situation der Erde = Störung vieler Menschen im 1. Chakra).

Unterfunktion führt zu:

- Schwacher körperlicher Konstitution (wenig Widerstandskraft – auch psychisch).
- Sorgen, Unsicherheit.
- Gefühlen, nicht zum Leben zu gehören.
- Trennung vom Leben, der Natur und der Einheit.

Reinigung und Aktivierung:

Natur:

- Auf- oder untergehenden Sonn betrachten.
- Erde riechen und atmen → bewusst wahrnehmen.

Musik:

- Monotone, stark betonte Rhythmen.
- Klänge der Natur.
- Ton /u/ intonieren (IEAOU – Gnostische Bannung).
- Mantra LAM.

Farbe: Klares, leuchtendes Rot.

Edelsteine:

- Achat (Ernsthaftigkeit/Festigkeit und Ausgeglichenheit).
- Hämatit (Festigkeit und Kraft, Blut- und Zellaufbau).
- Blutjaspis (Kraftmobilisation, Zellaufbau).
- Granat (Antriebskraft, Willensstärke, Selbstvertrauen).
- Rote Koralle (Energie und Kraft, Flexibilität).
- Rubin (Lebensenergie, Harmonisierung von Körper und Geist).

Aromatherapie:

- Zeder (Ruhe und Geborgenheit, Verbindung mit der Erde).
- Nelke (Lösung gestauter Energien, Offenheit).

Yoga: Hatha-Yoga, Kundalini-Yoga.

2. Chakra (Svadisthana-, Sakral-Chakra, Kreuzzentrum)

Befindet sich oberhalb der Genitalien.
Verbunden mit dem Kreuzbein; Öffnung nach vorne.

Farbe:	Orange.
Element:	Wasser.
Sinnesfunktion:	Schmecken.
Symbol:	6-blättriger Lotus.
Grundprinzip:	(Schöpferische) Gestaltung des Seins.
Körperliche Zuordnungen:	Beckenraum, Fortpflanzungsorgane, Blase, Nieren, alles Flüssige wie Blut, Speichel, Verdauungssäfte, Lymphe, Scheidenflüssigkeit, Sperma.
Drüsen:	Keimdrüsen (Eierstöcke, Hoden, Prostata).

Aufgabe und Funktionen:
- Sitz Shaktis (weiblicher Aspekt Gottes).
- Zentrum von (ursprünglichen) Emotionen, sexuellen Energien und schöpferischen Kräften.
- Reinigung und Läuterung von Seele und Geist.
- Zwischenmenschliche Beziehungen (Austausch).
- Spielarten der Erotik.
- Aufgabe des begrenzten Egos/Erleben einer größeren Einheit.

Harmonische Funktion verleiht:
- Natürliches Fließen mit dem Leben und Gefühlen.
- Offenheit gegenüber anderen (besonders dem anderen Geschlecht).
- Natürliches (starkes) Bedürfnis nach Sex.
- Teilhaben an der Freude der Schöpfung.
- Ursprüngliche (wahre) Gefühle, kreatives Handeln.

Disharmonische Funktion führt zu:
- Verneinung und Zurückweisung von Sexualität oder
- Sexualität als Droge ge-/missbraucht.
- Grobes sinnliches Empfinden.
- Sehnsucht nach äußerlicher Erfüllung (Projektion d. inneren Bedürfnisse).
- Verlust von Unbefangen- und Offenheit und Unschuld.
- Verlust des Staunens über die Wunder des Lebens.

Unterfunktion führt zu:

- Mangel an Selbstwertgefühl.
- Erstarrung der Emotionen.
- Sexuelle Gefühlskälte.
- Leben erscheint trist und wenig lebenswert.

Reinigung und Aktivierung:

Natur:

- Mondinnenlicht genießen.
- Klare, natürliche Gewässer.
- Quell- oder zumindest doch gutes Mineralwasser zu sich nehmen.

Musik:

- Fließende Rhythmen wie z. B. bei Volks- und Paartänzen (Griechenland).
- Gesang der Vögel.
- Fließendes Wasser.
- Ton /o/ (geschlossen, wie bei sofort) intonieren.
- Mantra: VAM.

Farbe: klares Orange (innere Farbe des Wassers).

Edelsteine:

- Mondstein (nimmt Angst vor Gefühlen, sensibilisiert, unterstützt die Reinigung blockierter Lymphbahnen, harmonisiert den Hormonhaushalt).
- Karneol (Verbindung zur schöpferischen Kraft und Schönheit der Erde).

Aromatherapie:

- Ylang-Ylang (Aphrodisiaka, sensibilisiert, löst gestaute oder beruhigt aufgewühlte Emotionen).
- Sandelholz (erhöht sexuelle Energien, regt die Phantasie an, integriert spirituelle Energien in das Sein).

Yoga: Tantra-Yoga.

3. Chakra (Manipura-, Solar-Plexus-, Milz-, Magen-, Leber-Chakra, Nabel, Sonnenzentrum)

Befindet sich zwei bis drei Finger oberhalb des Nabels.
Öffnung nach vorne.

Farbe:	Gelb bis Goldgelb.
Element:	Feuer.
Sinnesfunktion:	Sehen.
Symbol:	10-blättriger Lotus.
Grundprinzip:	Gestaltung des Seins.
Körperliche Zuordnungen:	Unterer Rücken, Bauchhöhle, Verdauungssystem, Magen, Leber, Milz, Gallenblase, vegetatives Nervensystem.
Drüse:	Bauchspeicheldrüse (Leber) – Verarbeitung und Verdauung der Nahrung.

Aufgaben und Funktion:
- Besteht aus einem Haupt- und mehreren Nebenchakren; sie liegen aber so dicht beisammen, dass sie zusammengefasst werden.
- Sitz des Willens.
- Aufnahme der Sonnenenergie; wichtiges Kraftzentrum.
- Aktive Beziehungen zu Menschen; nach außen gerichtete Emotionalität.
- Sitz der Persönlichkeit (und des inneren Kindes).
- Läuterung der Triebe und Wünsche der unteren Chakren.
- Manifestation der geistigen Fülle der oberen Chakren.
- Wahrnehmung der Schwingungen anderer Menschen.

Harmonische Funktion verleiht:
- Gefühl von Frieden und innerer Freiheit und Harmonie.
- Akzeptanz des eigenen Wesens und Respekt vor anderen Lebewesen.
- Annehmen von Gefühlen, Wünschen und Lebenserfahrungen.
- Einklang des eigenen Lebens mit den natürlichen Gesetzmäßigkeiten.
- Persönlichkeit ist voller Licht und Kraft, Schutz vor negativen Einflüssen.

Disharmonische Funktion führt zu:
- Bedürfnis, alles zu kontrollieren; Macht auszuüben.
- Ruhelosigkeit und Unzufriedenheit.
- Aktivitätsdrang; Mangel an innerer Gelassenheit.
- Wunsch (extrem) nach Anerkennung und äußerem Reichtum.
- Steuerung der Emotionen; unterschwellig: Gereiztheit.

Unterfunktion führt zu:

- Angst vor Herausforderungen.
- Gefühl von Niedergeschlagenheit und Mutlosigkeit.
- Fahrigkeit und mangelnde Konzentration bei schwierigen Situationen.
- Angst vor Neuem und ungewohnten Erfahrungen.

Reinigung und Aktivierung:

Natur:

- Goldenes Licht des Sonn genießen.
- Betrachtung eines Raps- oder Kornfeldes.
- Mitte der Sonnenblume aufnehmen (= Mandala).

Musik:

- Feurige Rhythmen (z. B. Flamenco).
- bei Hyperaktivität beruhigende Musik (z. B. Klassik).
- Ton /o/ (offen, wie bei sofort) intonieren.
- Mantra RAM.

Farbe: Klares, sonniges Gelb (Goldgelb).

Edelsteine:

- Tigerauge (schärft den Verstand; lässt eigene Fehler erkennen).
- Bernstein (schenkt Wärme und Zufriedenheit, reinigt und läutert den Organismus).
- Zitrin (vermittelt Wohlbefinden, Wärme und Lebendigkeit, Sicherheit und Zuversicht, fördert die Ausscheidung von Giftstoffen, belebt das Blut, löst Verdauungsbeschwerden).

Aromatherapie:

- Lavendel (beruhigt und entspannt, hilft bei der Lösung gestauter Emotionen).
- Rosmarin (belebend und anregend, Überwindung von Trägheit).
- Bergamotte (stärkt die Lebensenergien, schenkt Selbstvertrauen und Selbstsicherheit).

Yoga: Karma-Yoga.

4. Chakra (Anahata, Herzchakra, Herzzentrum)

Befindet sich in Höhe des Herzens in der Mitte der Brust.
Öffnung nach vorne.

Farbe:	Grün.
Element:	Luft.
Sinnesfunktion:	Tasten.
Symbol:	12-blättriger Lotus.
Grundprinzip:	Seinshingabe.
Körperliche Zuordnungen:	Herz, oberer Rücken mit Brustkorb und Brusthöhle, unterer Lungenbereich, Blut und Blutkreislaufsystem.
Drüse:	Thymusdrüse (wird durch Klopfen auf das Chakra aktiviert).

Aufgaben und Funktionen:
- Mittelpunkt des Chakrensystems.
- Verbindung der drei unteren (physisch-emotionalen) Zentren (Körper/Materie) mit den drei oberen (geistig-spirituellen) Zentren (Seele/Transzendenz).
- Umwandlung von Bildern, Klängen, Worten etc. in Gefühle.
- Sehnsucht nach innigstem Kontakt – Zentrum von wahrer, bedingungsloser Liebe (Liebe um ihrer selbst willen), nicht um etwas zurückzubekommen und nichts, das Mensch „haben“ oder „verlieren“ kann.
- Liebevolles Annehmen aller Dinge/Tor zur Seele.
- Stark nach außen strahlende Kraft.
- Auswirkung auf Stirn-Chakra (verfeinerte Wahrnehmung).

Harmonische Funktion verleiht:
- Ausstrahlung natürlicher Wärme, Herzlichkeit und Fröhlichkeit.
- Mitgefühl (kein Mitleid) und Hilfsbereitschaft.
- Gefühle können frei fließen (frei von Konflikten, Tumulten, Zweifeln).
- Offenheit gegenüber anderen Lebewesen.
- Gefühl von „Geborgenheit in der Schöpfung“.
- Äußeres Leben erscheint wie ein Teil des eigenen Lebens.

Disharmonische Funktion führt zu:
- Hilfe für andere mit der Erwartung einer Gegenleistung verbunden; ansonsten Enttäuschung oder gar Verbitterung.
- Panzerung aufbauend (eventuell auch körperlich).

- Unfähigkeit, sich der Liebe zu öffnen (eventuell anderen aber Kraft geben).
- Abschotten von Gefühlen.

Versinken in Selbstmitleid bzw. projiziertem Leid, das bei anderen Menschen gesehen wird.

Unterfunktion führt zu:
- leichter Verletzbarkeit.
- Abhängigkeit von der Liebe und Anerkennung anderer.
- Angst vor Ablehnung.
- Keine tiefen Beziehungen, eher oberflächliche Freundschaften.
- Kälte, Teilnahmslosigkeit; bis hin zur Herzlosigkeit.
- Gefühl der Unausgeglichenheit, Depression.

Reinigung und Aktivierung:
Natur:
- Spaziergänge in der Natur (Ruhe!!).
- Betrachten von Blüten (besonders rosafarbene).
- In den Himmel/Wolken schauen.

Musik:
- Jede klassische Musik.
- New Age oder sakrale/meditative Musik, die „erhebt".
- Ton /a/ intonieren.
- Mantra YAM.

Farbe: grün, rosa.
Edelsteine:
- Rosenquarz (schenkt Sanftheit, Zärtlichkeit und Liebe).
- Turmalin (macht das Herz offen und weit).
- Kunzit (unterstützt die Einswerdung mit dem Göttlichen, schenkt Gradlinigkeit).
- Smaragd (stärkt und vertieft die Liebe auf allen Ebenen, schenkt Frieden und Harmonie, zieht Heilenergien aus dem Kosmos).
- Jade (entspannt und beruhigt das Herz, hilft bei Unruhe und Rastlosigkeit, fördert ruhigen Schlaf und angenehme Träume).

Aromatherapie:
- Rosenöl (billiger: Rosenholzöl) – harmonisierend und besänftigend, heilt seelische Wunden, Anregung und Verfeinerung der Sinnesfreuden.

Yoga: Bhakti-Yoga.

5. Chakra (Vishudda-, Hals-, Kehl(kopf-)chakra, Kommunikationszentrum)

Befindet sich zwischen der Halsgrube und dem Kehlkopf.
Ist verbunden mit der Halswirbelsäule. Öffnung nach vorne.

Farbe:	Hellblau.
Element:	Äther.
Sinnesfunktion:	Hören.
Symbol:	16-blättriger Lotus.
Körperliche Zuordnungen:	Hals-, Nacken-, Kieferbereich, Ohren, Stimme, Luftröhre, Bronchien, oberer Lungenbereich, Speiseröhre, Arme.
Drüse:	Schilddrüse.

Aufgabe und Funktionen:
- Zentrum menschlicher Ausdrucksfähigkeit, Kommunikation und Inspiration.
- Ausdruck von allem, was in uns lebt.
- Fähigkeit der Selbst-Reflektion/-Erkenntnis.
- Wahrnehmung der inneren Stimme.
- Aufgabe im Leben bewusst machen (Dharma).
- Göttliche Inspiration.

Harmonische Funktion verleiht:
- Offenheit im Ausdruck eigener Gefühle, Gedanken etc.
- Innere Aufrichtigkeit.
- Fähigkeit, Schwächen zuzugeben und Stärken zu zeigen.
- Kreative Ausdrucksfähigkeit ebenso wie die Fähigkeit, auch schweigen zu können.
- Phantasievolle, aber klare Sprache.
- Volle und wohlklingende Stimme.
- Eigene Meinung, Freiheit, Unabhängigkeit und Selbstbestimmung.
- Tiefe Freude und Gefühl von Vollständigkeit.
- Vorurteilslosigkeit.
- Möglichkeit zur Kommunikation mit Wesen aus anderen Bereichen.

Disharmonische Funktion führt zu:
- Laute Stimme, „starkes Auftreten".
- Verbindung Kopf/Körper gestört (entweder keine Reflexion oder Äußerung der Gefühle in unbedachten Handlungen/Ausbrüchen).

- Abkapselung gegen andere durch Intellektualität und Rationalismus.
- Sprache ungeschliffen und roh oder sachlich und (sehr) kühl.
- Eventuell Stottern.
- Hochgezogene Schultern.
- Ununterbrochener Redestrom.
- Kein Zugang zur feinstofflichen Welt.

Unterfunktion führt zu:
- Schüchternheit, Zurückhaltung.
- Häufig Stottern.
- Unsicherheit gegenüber anderen Menschen.
- Orientierung für das eigene Verhalten an den Meinungen anderer.

Reinigung und Aktivierung:
Natur:
- Betrachten eines wolkenlosen Himmels.
- Betrachten eines klaren Gewässers.

Musik:
- Sakrale und meditative Musik mit Gesang.
- Obertonmusik und -gesang.
- Zur Entspannung ruhige New Age Musik mit Hall.
- Ton /e/ intonieren.
- Mantra HAM.

Farbe: Klares, helles Blau (Türkis).

Edelsteine:
- Aquamarin (fördert Kommunikation, bringt Licht und Klarheit in die Seele, ebenso Reinheit, Freiheit und Weite).
- Türkis (hilft geistige Ideen und Erkenntnisse auszudrücken, schützt, zieht positive Energien an und schützt Körper und Seele vor negativen Einflüssen).
- Chalcedon (positive Wirkung auf Schilddrüse, beruhigt das Gemüt und gleicht es aus, öffnet den Zugang zur Inspiration, fördert den Selbstausdruck durch Sprache und Schrift).

Aromatherapie:
- Salbei (löst Verkrampfungen, sendet Heilschwingungen).
- Eukalyptus (bringt Klarheit und Weite, öffnet den Zugang zu innerer Inspiration, verleiht Ursprünglichkeit und Kreativität im Ausdruck).

Yoga: Mantra-Yoga.

6. Chakra (Ajna-, Stirn-, Befehl-Chakra, Drittes o. Inneres Auge)

Befindet sich einen Fingerbreit über der Nasenwurzel in der Mitte der Stirn. Öffnung nach vorn.

Farbe:	Violett.
Element:	keine Zuordnung.
Sinnesfunktion:	Alle Sinne (übersinnliche Wahrnehmung).
Grundprinzip:	Seinserkenntnis.
Körperliche Zuordnungen:	Gesicht, Augen, Ohren, Nase, Nebenhöhle, Kleinhirn, Zentralnervensystem.
Drüse:	Hirnanhangdrüse (Hypophyse) – steuert alle Drüsen.

Aufgabe und Funktion:
- Bewusste Wahrnehmung des Seins.
- Sitz der höheren Geisteskräfte, des intellektuellen Unterscheidungsvermögens und des Erinnerungsvermögens.
- Auf körperlicher Ebene obere Zentrale des Zentralnervensystems.
- Vorgang der Manifestation der Geisteskraft (Materialisation neuer Realitäten, Elimination alter Realitäten/Gedankenmuster).
- Sitz aller Bewusstwerdungsprozesse.
- Imaginations-/Visualisationszentrum.
- In Verbindung mit dem Herz-Chakra Möglichkeit der Aussendung von Heilenergien (auch Fernheilung).
- Zugang zu allen Schöpfungsebenen jenseits der physischen Realität (Intuition, Visionen, Hellfühlen, -sehen, -spüren..).

Harmonische Funktion verleiht:
- Wachen Verstand und geistige Fähigkeiten.
- Gute Visualisations-/Imaginationsfähigkeit.
- Zusammenhänge sind intuitiv erfassbar.
- Idealismus und Phantasie im Denken.
- Erfüllung (auch spontan) von Gedanken, Wünschen und Vorstellungen.
- Erweiterte Wahrnehmung/Überschreitung der Grenzen des Ratio.
- Verbindung mit göttlicher Kraftquelle – Transparenz der materiellen Welt.

Disharmonische Funktion führt zu:
- Kopflastigkeit (Leben über Vernunft und Intellekt).
- Fehlen ganzheitlicher Sicht, dadurch intellektuelle Überheblichkeit (aus der Not eine Tugend machen).

- Machtbeweis durch Versuch der Manipulation anderer Menschen.
- Gefühl der Isolation.
- Subjektives vermischt sich mit „göttlicher" Intuition (keine Unterscheidungsmöglichkeit).

Unterfunktion führt zu:
- Nur Wahrnehmung der äußeren Welt.
- Leben wird von materiellen Wünschen, körperlichen Bedürfnissen und unreflektierten Emotionen bestimmt.
- Angst vor geistigen Auseinandersetzungen.
- Denken orientiert sich an vorherrschenden Meinungen.
- Vergesslichkeit; unklare, verworrene Gedanken.
- Sehstörungen.

Reinigung und Aktivierung:
Natur:
- Betrachtung eines tiefblauen, sternenübersäten Nachthimmels.
- Betrachtung von Wasser in der Nacht.

Musik:
- Klassische (sphärische) Musik (z. B. Bach o. Orff).
- New Age Musik, die den Geist beruhigt und öffnet.
- Ton /i/ intonieren.
- Mantra KSHAM.

Farbe: Indigoblau oder Violett.

Edelsteine:
- Lapislazuli (mit Pyrit-Einschlüssen) – vermittelt Geborgenheit im Kosmos, führt den Geist nach innen und gibt ihm Kraft, fördert Intuition und Innenschau.
- Indigoblauer Saphir (Unterstützung der Reinigung, Verwandlung und Erneuerung des Geistes).
- Sodalith (klärt den Verstand, schenkt Gelassenheit, stärkt die Nerven).

Aromatherapie:
- Jasmin (öffnet den Geist für Bilder und Visionen, verfeinert die Wahrnehmung).
- Minze (löst Blockaden und hilft bei der Auslösung alter Denkmuster, schenkt dem Geist Klarheit, Lebendigkeit und Konzentrationsfähigkeit).

Yoga: Inana-Yoga + Yantra-Yoga.

7. Chakra (Sahasrara-, Kronen-Chakra, Scheitelzentraum, 1000-blättriger Lotus)

Befindet sich auf dem höchsten Punkt des Kopfes.
Öffnung nach vorne.

Farbe:	Weiß (Violett, Gold).
Element:	keine Zuordnung.
Sinnesfunktion:	ist nicht an einen Sinn geknüpft.
Symbol:	1000-blättriger Lotus.
Grundprinzip:	Reines Sein.
Körperliche Zuordnungen:	Großhirn (Kleinhirn).
Drüse:	Epiphyse (Zirbeldrüse).

Aufgabe und Funktion:

- Sitz der höchsten Vollendung im Menschen.
- Vereint alle Energien der unteren Chakren.
- Verbindung (direkt) zum göttlichem Sein/Selbst.
- Reine Erkenntnis (Subjekt/Objekt-Schranke weg).
- Aufnahme kosmischer Energien.
- Aussendung eigener Energien (in den Kosmos).
- Durch Entfaltung des 7. Chakras lösen sich auch die Blockaden in den übrigen Zentren (dies zu erreichen ist allerdings bei Blockaden in den übrigen Chakren mehr als schwer).

Harmonische Funktion:

Verleiht (allgemein: Es existieren keine Blockaden im Kronenchakra; es kann nur mehr oder weniger geöffnet sein).

- Trennung zwischen innerem Sein und äußerem Leben ist aufgehoben.
- Weite und Stille des Bewusstseins.
- Verschmelzung mit der Göttlichkeit.
- Mensch wird zum Kelche, zum Gral göttlicher Erleuchtung.
- Individuelles Ich wird zum universalen Ich.
- Unbegrenztheit des Bewusstseins.
- Erleben ungeteilter Einheit (wie Kinder, deren Fontanelle in den ersten 9-24 Monaten noch geöffnet ist – aber bewusst).

Auswirkungen eines (weitgehend) geschlossenen 7. Chakras:

- Gefühl der Trennung vom Sein.
- Bestehende Angst – erneute Blockade von Chakren.
- Gefühle der Verunsicherung und Ziellosigkeit.

- Angst vor dem Tod/Tor.
- Hang zu Äußerlichkeiten und Begrenzungen.
- Hyperaktivität als Mittel der Ablenkung.
- Eventuell Krankheit, die zur Ruhe zwingt.

Reinigung und Aktivierung:
Natur:
- Auf einem Berggipfel Weite, Unbegrenztheit und die Nähe zum Himmel erfahren.

Musik:
- (reine) Stille oder (meditative) Musik, die zur Stille führt.
- Ton/m/ intonieren (gilt in Indien als Vokal).
- Mantra OM oder AUM.

Farbe: Violett (Öffnung zum Göttlichen), Weiß (Spektrum aller Farben).

Edelsteine:
- Amethyst (schenkt lebendige Ruhe, vermittelt Vertrauen und Hingabe an die/zu den universalen Kräfte(n), lenkt den Geist auf die Unendlichkeit, fördert Meditation und Inspiration).
- Bergkristall (führt zur Ganzheit, bringt Klarheit und Licht in Geist und Seele, fördert spirituelle Erkenntnis, löst Stauungen und Blockaden, verleiht Schutz und neue Energie).

Aromatherapie:
- Olibanum (= Weihrauch) wirkt erhebend auf Geist und Seele, reinigt die Atmosphäre, vertieft die Glaubensfähigkeit.
- Lotus (Symbol für Schönheit und spirituelle Vollendung, strahlt Licht und Harmonie aus, bereitet den Weg zur Einheit mit dem Göttlichen).

8. Beseitigung von Blockaden in Chakren allgemein

- (bewusste) Energiearbeit.
- Guter (gefühlvoller) Sex – Tantra.
- Karezzo (ital. Liebkosen) – Onanieren, bis kurz vor dem Höhepunkt, aufhören und die entstandene Energie durch den inneren Kanal „hochziehen/-atmen“; erneut anfangen … bis die Energie durch das Scheitel-Chakra strömt (dann Orgasmus möglich, aber nicht nötig – sich dabei in die Augen schauen).
- Chakra-Musik.
- Lebensumstände positiv gestalten (Ernährung, Beziehung, Umwelt, Beruf …).

Bedingungsloses Annehmen der Lebensumstände und -geschehnisse (erst ab gewissem „Bewusstseinsstadium“ möglich).

Bei (erfolgter) Reinigung können alte Schmerzen, Ängste, Zorn etc. bis hin zu Krankheiten (Symptome) ein letztes Mal hochkommen; ansehen, annehmen evtl. neu beurteilen und über die Lösung der Blockade glücklich und dankbar sein. Negatives verabschieden (siehe „Positives Denken“).

Bei körperlichen Beschwerden Naturheilärztin/-arzt bzw. Homöopath/in oder Heilpraktiker/in aufsuchen.

c) Energiegabe und -fluss

Durch regelmäßige Energiearbeit wird der Energiefluss angeregt, harmonisiert und die Energiegabe (aber auch das Ausüben von Magie) von Mal zu Mal leichter/effektiver.

Erster Schritt: Erdung/Energetisierung bzw. Visualisation/Imagination des Energieflusses.

Energiegabe möglich.

1. Über Aktivierung (Erdung/Energetisierung) der Chakren.
   a) durch Eigenenergie (nicht bei fremden Menschen!).
   b) durch Himmels- und/oder Erdenergie (z. B. Accis Mundi).

2. Als Kanal für Himmels-/Erdenergie: Energie ziehen und weitergeben (ohne Beachtung der Chakren); z. B. Baum des Lebens.

zu 1. a): Energie sammeln (über Chakra oder Körper) und weitergeben (durch Hände, Füße oder Körper).

zu 1. b): Energie ziehen (durch Muladhara – und/oder Sahasrara- oder Körper) – auf Chakren achten bzw. durch Chakren arbeiten.

zu 2.: Gleiche Vorgehensweise wie bei 1. b), nur ohne Beachtung der Chakren.

Die Entscheidung, ob durch die Chakren oder auf eine andere Art Energie gegeben wird, kann abhängen von persönlicher Vorliebe/Anschauung oder von eventuell benötigter Energiequalität.

Allgemein: Die linke Hand nimmt, die rechte gibt (Energie) – In manchen Systemen gilt dies aber nur für Männer; bei Frauen ist es dort umgekehrt.
Als Magier/in kann ich aber auch durch meinen Willen bestimmen, dass beide Hände Energie geben oder nehmen können.

(Partner/innen)-Arbeit

Folgend handelt es sich um verschiedene Übungen, die einzeln oder aber auch insgesamt praktiziert werden können.

1. Schritt Erdung.
z. B. Baum des Lebens (Starhawk, Der Hexenkult).
Andere Möglichkeiten: KbPR.
Gnostische Bannung.
IAO-Formel.
Accis Mundi.

2. Schritt: Hände reiben und dann langsam aufeinander zukommen lassen. Auf Energie dazwischen achten (Kribbeln, flutende Wärme, Widerstand, ...) – nur das „Fühlen“ als Sinn benutzen.

3. Schritt: Körper (durch die Hände) von vorne energetisieren.

4. Schritt: Körper (durch die Hände) von hinten energetisieren.

5. Schritt: Gegenstände ab-/erspüren (Ritualien, Steine, Pflanzen...); auf eventuelle Ladung bzw. Eigenenergie achten; z. B. Intensität, Form, eventuell Farbe und Qualität (minus oder plus) erspüren.

Bei der Energetisierung des Körpers (des Partners/der Partnerin) kann das Gegenüber die Augen geschlossen halten und erspüren, wo sich die Hände gerade befinden.
Ergebnisse des Erspürens von Gegenständen eventuell mit anderen vergleichen.

V. Trance und Meditation

a) Trance

Die „Trance“ ist der Name für einen veränderten Bewusstseinszustand; das Ego tritt in diesem (je nach Tiefe der Trance mehr oder weniger; bis hin zu vollständig) Zustand zurück.
Gehen wir in die Trance, “schläfern“ wir den psychischen Zensor ein; dies ermöglicht den Kontakt zum Unterbewusstsein, dem wir dann die gewünschten Ergebnisse vorstellen.
Die Trance reicht über ein Spektrum von leichter Trance (konzentriertes Arbeiten) bis hin zur Volltrance (Ego verschwindet völlig).
Die Namen für die Trance variieren von System zu System bzw. von Religion zu Religion. Einige seien hier vorgestellt:

- Nicht-Denken.
- Beenden des inneren Dialoges.
- Ain oder Nichts.
- Samadhi oder Zentriert-Sein.
- Über den Zaun schauen.

oder auch

- Gnosis: Gnostiker; wie die Templer, Rosenkreuzer, Bruderschaften, andere hermetische Orden wie z. B. der OTO (Ordo Templis Orientis) und auch die frühe katholische Kirche strebten nach der mystischen Erfahrung, dem Göttlichen durch diverse Techniken nahezukommen – im Gegensatz steht der heute von den Kirchen proklamierte Weg der Pistis; dem bloßen Glauben.

Möglichkeiten durch Trance/Gnosis

- Glaubenssätze können eingepflanzt oder beseitigt werden (Sigillen, Mantren, Affirmationen, Visualisationen, NLP = Neurolinguistische Programmierung).
- Divinationen (Weis-/Vorhersagungen) können getätigt werden.
- Zauber können ausgesprochen bzw. aktiviert werden.
- Kontakt zu Göttern und anderen Kräften (Energien) wird möglich (Evokation, Invokation, Anrufungen).

- Steigerung der Lebenskräfte (spirituelle, psychische und physische Gesundheit).
- Zentrierung (in) der eigenen Mitte.
- Erleuchtungsmomente erleben/erweitern.
- Transzendieren (das Bewusstsein verschmilzt mit dem Urgrund/der Schöpfungsquelle).

Und somit bis hin zur
- Aufhebung der Naturgesetze (diese gelten für Erleuchtete nicht mehr oder nicht mehr in vollem Umfang).

Modelle der Trance (Wirklichkeitsebenen)

Nach de Shan
- Sinnliche Realität (die Welt augenscheinlich).
- Mythische Realität (Subjekt/Objekt-Schranke fällt; es werden Sympathiemagie und z. B. Divinationen möglich).
- Transpsychische Realität (Erweiterung der mythischen Realität); Magie geschieht nicht mehr (nur) durch Rituale, sondern allein durch den Willen (Mentalmagie).
- Unitive Realität (japanische „Satore – kurzer Zustand; indisch „Samadhi" langer Zustand); ein großes Ganzes entsteht; das Ego existiert kaum noch/nicht mehr.

Methoden, die eigene Begrenztheit zu vermindern/auszuschalten:

1. Dämpfungsmethode: Der Geist wird immer mehr beruhigt, bis nur noch ein Konzentrationsziel übrig bleibt (Meditation).
2. Erregungsmethode: Der Geist wird (sehr) stark erregt; alles, außer dem Ziel/der Handlung wird ausgeschaltet.
3. Willentliche Tranceinduzierung (durch entwickelte Technik(en) bzw. das Bewusstsein) mittels Setzen eines „Ankers".

Ergebnis: Zentriertes, auf einen Punkt gerichtetes Bewusstsein – Gnosis (Leitung zum Unterbewussten ist frei). „Es gibt 2 Möglichkeiten, Göttin/Gott zu werden; entweder zu einem stillen Wasser oder zu einer (lodernden) Flamme werden."

Hier nun eine Auswahl verschiedenster Techniken der Dämpfungs- und der Erregungsmethode; sie werden folgend beschrieben, soweit sie nicht aus anderen Lektionen bekannt sind:

Dämpfungsmethode	**Erregungsmethode**
(Sexualmagisch)	Gefühlsbewegungen (Furcht, Wut, Hass, Entsetzen, Liebe, Verzückung)
Magische Trance auslösende Konzentration wie: Trommeln, Mantren (Mantra Japa, Devasanjama), Konzentration auf Klänge, Gegenstände, (innere) Bilder	Schmerz, Todeshaltung/-stellung
Meditation	Tanzen, Trommeln, Schreien (Singen)
Schlafentzug	(aktive) Meditation
Fasten	Erregende oder enthemmende Drogen
Erschöpfung	Milde Halluzinogene
Starren	Atmungs-Überventilation (Hyperventilation)
Hypnotische oder tranceinduzierende Drogen	Überflutung mit Sinnesreizen
Entzug der Sinnesreize (sensorische Deprivation)	Sexuelle Erregung
(Richtiges Gehen)	Richtiges Gehen

Zu so gut wie jeder Trancetechnik können Räucherungen als Katalysator eingesetzt werden. Sie wirken auf das vegetative Nervensystem und ermöglichen einen leichteren Eintritt in die Trance.

Erläuterungen zu vorgestellten Techniken

Todeshaltung: siehe Sigillenmagie.
Sexuelle Erregung/Sexualmagie: siehe Sigillenmagie.
Andere Möglichkeit: Vereinigung mit dem/der Partner/in, der/die eine Gottheit invoziert hat; langsame, genussvolle Stimulation, die nicht auf den Orgasmus abzielt, sondern auf (Selbst-)Liebe.

Konzentration:
- Klänge, Bilder Gegenstände (siehe Magische Übungen).
- Trommeln: langsam und rhythmisch oder Takt zählen.
- Mantra: sprachlich und/oder mental beständig (108 x) wiederholen.
- Atmung 1.: siehe „Steuerung der Atmung“ (langsam und ruhig) bei den „Magischen Übungen“; Kapitel 2.
- Atmung 2.: Hyperventilation durch schnelles, heftiges Atmen (z. B. Feueratem).

Gefühlsbewegung:
- Gefühl hochkommen und größer werden lassen; entstandene Energie für den gewünschten Zweck verwenden – schwer erreichbar (Ziel im Auge behalten und Energie stark genug?).

Schmerz (selbstinitiiert, Folter, Flagellation – Schlagen):
- Die Trance wird erreicht und ausgebaut durch das Erschaffen von Schmerzen und deren Hinnahme.

Schlafentzug, Fasten, Erschöpfung:
- Oft in Klöstern angewandt; für einen Menschen im „normalen“ Leben schwer praktizierbar (die Konzentration soll über einen langen Zeitraum auf das jeweilige Ziel gerichtet bleiben und bedeutet somit ein meditatives Leben).

Tanzen, Trommeln, Singen:
- Aus sich herausgehen, verbunden mit überwundener Erschöpfung.
- Schaltet das Bewusstsein aus. Die Trommel wird schnell und wild gespielt; ebenso sollte
- getanzt und gesungen werden.

Richtiges Gehen (Schamanische Technik):
- Meditation in der Bewegung.
- Einblick in die andere Wirklichkeit.
- Visionen.
- Transzendieren.

Der Blick wird leicht angehoben und wir starren in die Ferne (den Himmel) mit Hilfe des magischen Blickes. Alles in einem Blickwinkel von 180° kann (peripher) wahrgenommen werden.
Die Finger werden leicht nach innen gekrümmt und an den Handballen gelegt. Der Geist wird in der Übung aufgehen; das Denken lässt nach.

Starren: siehe Magische Übungen und Sigillenmagie.

Drogen: nicht zu empfehlen.

Reizüberflutung:

- Fernseher, Radio, Musik, ... anstellen (schwer und wenig wirkungsvoll in den meisten Fällen/bei den meisten Menschen).

Sensorische Deprivation:

- Stille und Dunkelheit führen zur Gnosis/Einkehr (oder zum Wahnsinn).
- Sollte über lange Zeiträume (mindestens mehrere Tage) praktiziert werden.

Manche Techniken können, andere sollten bzw. werden automatisch kombiniert. Nie jedoch dämpfende und erregende Techniken vermischen – höchstens nacheinander benutzen.

Trance und Meditation befinden sich im fließenden Übergang; jede Meditation hat/braucht/nutzt die Trance, aber nicht jede Trance ist eine Meditation.

b) Meditation

Das aktive Bewusstsein beschließt zu meditieren und übernimmt dann eine passive Beobachtung des Meditationsgegenstandes; d.h. lässt Wissen frei aus sich und zu sich fließen und nimmt (vorerst) wertungsfrei auf. Später (nach der Meditation) können die Ergebnisse reflektiert werden.
Es gibt zielgerichtete (zu bestimmten Themen, wie z. B. Atmung, Bewegung, Formen, Personen, Heilige, Symbole...) und nicht zielgerichtete Meditationen. Es existieren sehr viele Arten von Meditationen; hier gebe ich allerdings nur kurze Erklärungen der bekanntesten und werde nachher leichte Meditationen, die für Anfänger/innen durchführbar sind, näher beschreiben. Die wohl bekanntesten Meditationen sind:

- Zen/Zazen: Östliche Meditationsform; entwickelt von Mönchen. Hier existieren sehr strenge Sitz- und Atemregeln, wie auch weitere Vorschriften (z. B. Zeiträume) – meist ungeeignet für westliche Menschen, da unsere Mentalität anders ist (unsere Geduld ist z. B. wesentlich geringer ausgeprägt).

- Transzendale Meditation TM: Standardisierte Form der Mantra-Meditation (indische Methode, die für den westlichen Gebrauch verändert/entwickelt wurde); Beispiel: Ein vorgegebenes Sanskrit-Wort (Mantra) wird 2 x täglich, auf einem Stuhl sitzend, 20 Minuten lang wiederholt (geschlossene Augen) rezitiert. Gedanken und Bildern, die aufkommen, werden eine therapeutische Wirkung zugeschrieben; passiv geschehen lassen und zum Mantra zurückkehren (soll anderen Gedanken gegenüber bevorzugt werden).
- Klinisch standardisierte Meditation CSM: Aus indischer Mantra-Meditationsform entwickelt; ähnelt TM (Unterschied: Mantra wird aus 16 Sanskrit-Mantren selbst gewählt). Die Zeit für die Meditation wird individuell festgelegt; es handelt sich um eine wissenschaftliche Methode, die nichts mit Esoterik zu tun hat.
- Benson-Technik (Entwicklung aus TM): Ein sehr zwingendes System (vorgegebener Atemrhythmus; aufkommende Gedanken sollen ignoriert werden). Alle Muskeln von den Zehen bis zum Kopf werden entspannt; ein beliebiges Wort wird als Mantra gewählt (z. B. „Eins“ bei dem Ausatmen denken).
- Offener Focus: Eine Person wird an ein EEG (misst Gehirnwellen) angeschlossen; es werden verschiedenste Worte genannt und so durch die entstehenden Alpha- und Theta-Wellen das optimale Wort für die jeweilige Person gefunden. Über dieses Wort/Mantra wird dann meditiert.
- Tai Chi (Meditation in Bewegung).
- Yoga (Meditation in Bewegung).

Wie aus den Beschreibungen dieser Meditationssysteme ersichtlich ist, benötigen diese meist eine anleitende Person; folgend beschreibe ich einfache Meditationen, die sehr gut alleine ausgeführt werden können; im Anschluss an diese vorbereitenden Übungen schließen sich spezifische Meditationen an, die das (magische und mystische) Weiterkommen positiv beeinflussen.

Zu Beginn empfehle ich folgende “Themen“ für Meditationen:
- Geometrische Gebilde, wie z. B. Dreieck, Kreis, Quadrat, ….
- Symbole, wie z. B. zu- und abnehmende Mondin, aufrechtes und inverses (gestürztes) Pentagramm, Hexagramm, Planetenzeichen, ….
- Kerzenflamme.
- Fleck/Fliege an der Wand.
- Meditationen über/für spezielle Themen, wie z. B. Gesundheit, Krankheit, Leben, Tod, nach/bei/vor Operationen, nach Unfällen, über/gegen Phobien.

- Mantren (bereits bestehende oder mit der Sigillenmagie selbst erschaffene).
- Atem (ruhig und tief; 3phasig: einatmen, ausatmen, Atempause).
- Visuelles, wie Gegenstände (z. B. Pflanzen).
- Bewegung: z. B. Handflächen binden und lösen oder Kopfbewegungen es kann aber jede Form von Bewegung meditativ ausgeführt und betrachtet werden.

Wann sollte meditiert werden?
Es kann zu jeder Zeit meditiert werden; die besten Zeiten allerdings sind morgens und abends.

Wie soll meditiert werden?
Wir sollten eine ruhige, bequeme, entspannte Körperhaltung einnehmen, eine ruhige Umgebung schaffen (und ruhig atmen) und weder übersatt, noch hungrig sein.
Wir können aufrecht sitzen; auf dem Boden mit dem Kopf auf einem Kissen liegen (Savasana), den Lotussitz einnehmen (Beine extrem überkreuzen), die Beine einfach überkreuzen (Sidhisana), den Drachensitz (Vajrasana) einnehmen.

Vorbereitungen für Meditationen:
- Ruhiger Raum; Telefon abstellen.
  Eventuell inmitten von Pflanzen und aromatischer Räucherung.
- Licht dämpfen, eventuell Kerzen entzünden.
- Schuhe ausziehen, Kleidung lockern.
- (Rücken möglichst gerade halten – stellt sich meist von selbst ein).

Falls Störungen (Jucken, Schmerzen, Niesen, Husten, Geräusche, Gedanken, etc.) auftreten (und diese nicht der Sinn der Meditation ist), nicht beirren oder ärgern lassen, sondern weitermachen oder neu beginnen – Gedanken in Ruhe verabschieden.
Für Meditationen brauchen wir Zeit; eine Meditation nie abrupt abbrechen (z. B. wegen Klingelns aufspringen), sondern langsam wieder zurückkehren (Augen ruhig danach noch 1-2 Minuten geschlossen halten und die alltäglichen Gedanken langsam zurückkehren lassen).
Als Zeitmaß bietet sich eine Mala/Gebetskette aus der buddhistischen Tradition (z. B. bei Mantra- oder Atem-Meditationen) an. Sie hat 108 Perlen (diese 108 Perlen deshalb, weil die Erleuchtung in der buddhistischen Anschauung 108 Stufen hat). Ansonsten arbeiten wir mit einem Wecker o.ä.; manchmal brauchen wir gar kein Zeitmaß (z. B. bei dem „Kellerraum“).

Die eigene Begrenztheit kann mit (viel) Arbeit (und dem Wohlwollen der Schöpfung) nach und nach verringert/aufgehoben werden. Die Zustände/Erkenntnisse gilt es in den Alltag zu integrieren; in das „normale“ Bewusstsein.
Erstrebenswert? Dauerhafte Erleuchtung!
Folgend einige allgemein bekannte und wirksame Meditationen.

Meditationen

- Der Sonnenkreis.
- Vier Schätze.
- Geister der Elemente.
- Traumreise Eisen/Silber/Gold.
- Baum der Lebensenergie.
- Sinnesmeditation.
- Metamorphosen.
- Mantak Chia.
- Symbole des Körpers.
- Erinnerung.
- Neue Wahrnehmung.
- Steinritual.
- Mandala.
- Die Gestalt machen (4-Elemente-Übung).
- Gibberische Meditationen.
- Accis Mundi.
- Yoganidra.
- Heidnisches Kreuz.
- Deva Sanyama.
- Reise zum/zur inneren Weisen (Berg).

Atemmeditationen/Trance

- Mantra Japa.
- Nada Brahma.
- Vipassana.
- Rebirthing.
- Pranayama.
- Feueratem.
- Atemmeditationen/Trance 1 bis 3.
- Chakren vibrieren lassen.

Meditationen (für daheim):

- Kreis – Punkt – Viereck.
- Dreieck auf- und absteigend.
- Halbmondin zu- und abnehmend.
- Vollmondin.
- Nasenwurzel/Augen (Spiegel).
- Kreuz (gleichschenklig).
- Sonn.

Zur Beachtung: Bei allen folgenden Meditationen gibt es – insofern dort nicht anders beschrieben – einen immer gleichen Anfang. Es ist wichtig:

- auf den Atem zu achten,
- auf das 3. (innere) Auge zu achten.

Traumreise ESG

Zur Reinigung und Stärkung des Allgemeinbefindens – es ist möglich, sie mit der Reise zur/m inneren Weisen zu kombinieren.

- Körper entspannen (alles wird locker).
- Von 20 aus rückwärts zählen.
- Tor aus Eisen wahrnehmen/visualisieren – öffnet sich schwer; Landschaft karg, kaum Pflanzen.
- Weitergehen und Tor aus Silber wahrnehmen/visualisieren – öffnet sich schon etwas leichter; Landschaft mit Pflanzen.
- Weitergehen und Tor aus Gold wahrnehmen/visualisieren – öffnet sich ganz leicht; Landschaft wunderschön.
- Ein Fluss kann in der Nähe gehört werden; zu ihm gehen, entkleiden, hineinspringen und äußerlich wie auch innerlich reinigen (lassen).
- Nach erfolgter Reinigung wieder hinausgehen; in der Nähe ist ein Baum (evtl. auf einem kleinen Hügel) – dies ist der Baum, zu dem Du nun immer kommen kannst, wenn Du Dich aufladen möchtest.. ein weiser Baum.
- Nach einiger Zeit des Ausruhens langsam den gleichen Weg wie hin auch wieder zurückgehen.
- Von 0 bis 20 hoch zählen.

- Auf das 3. Auge achten,
- auf den Atem achten,
- und erfrischt, munter und bester Laune aus der Trance erwachen.

Kleiner Energiekreislauf (Mantak Chia)

Zur Stärkung und Reinigung des Energiekörpers

- Zunge an den Gaumen legen.
- Energie vom Perineum langsam AUSSEN den Rücken (durch visualisierten/imaginierten Kanal) hochziehen – bis über den Scheitel zur Zunge.
- Energie ab da (Zunge) langsam INNEN bis zum Perineum herunterziehen – bei Erreichen des Haras: Visualisation/Imagination des Strömens der Energie in den gesamten Körper.

- Auf das 3. Auge achten,
- auf den Atem achten,
- und erfrischt, munter und bester Laune aus der Trance erwachen.

Accis Mundi

Zur Harmonisierung des Energiekörpers und des Energiekreislaufs:

- Energie (der Erde) durch die Füße, Waden, Knie, Schenkel in das Becken ziehen.
- Mit dem Einatmen ziehe ich Energie dann in das jeweilige Chakra; mit dem Ausatmen visualisiere ich das Verteilen der Energie im gesamten Körper.
- Nach einiger Zeit jeweils die Energie mit dem Ausatmen zum nächsten Chakra senden/ziehen.

1. Muladhara – rote Kugel
2. Svadisthana – orangefarbene Kugel
3. Manipura – gelbe Kugel
4. Anahata – grüne Kugel
5. Vishudda – blaue Kugel
6. Ajna – violette Kugel
7. Sahasrara – weiße Kugel

- Wenn „oben“ (7. Chakra) angelangt, Energie mit dem Einatmen in das Sahasrara ziehen, mit dem Ausatmen in den Himmel senden.
- Visualisieren, dass der Strahl in der Mitte hohl ist und bis in den Himmel reicht.
- Die Erdenergie (aus dem Boden) fließt durch mich hindurch in den Himmel und die Himmelsenergie fließt (durch mich hindurch) durch die (hohle) Mitte des Strahls in die Erde.

- Strahlen der Erd- und Himmelsenergie treffen sich zuerst im Sahasrara, dann zieht der „Punkt der Vereinigung" von Erd- und Himmelsenergie die einzelnen (Haupt-)Chakren hinunter.

- Auf das 3. Auge achten,
- auf den Atem achten,
- und erfrischt, munter und bester Laune aus der Trance erwachen.

Reise zum/zur inneren Weisen (Berg)

Um Kontakt zur inneren/eigenen Weisheit aufzunehmen. Die Übung ist beliebig erweiterbar.

- Schöne Landschaft (Wiese, Wald o.ä.) visualisieren; ein Fluss befindet sich in der Nähe, ebenso ein Berg / Gebirgsmassiv.
- Einige Zeit ausruhen und entspannen, danach in den Fluss springen und sich durch das Wasser innerlich wie auch äußerlich reinigen (lassen).
- Aus dem Wasser hinausgehen und den Berg ansteuern; Einzelheiten können nun gesehen/wahrgenommen werden.
- Ein Weg führt diesen Berg hoch – hinaufgehen.
- Oben angelangt, kann ich eine Hütte (Holz oder Stein) sehen; ich gehe darauf zu.
- Innen treffe ich irgendwo einen Menschen (Mann oder Frau – auf einem Stuhl oder Sessel sitzend) – mein(e) innere(r) Weise ich kann Fragen stellen.

- Auf das 3. Auge achten,
- auf den Atem achten,
- und erfrischt, munter und bester Laune aus der Trance erwachen.

Baum des Lebens (von Starhawk)

Für den Energiekörper/Energiekreislauf; in der Gruppe zur Stärkung der Verbindung in der Gruppe.

- Füße werden schwer, sinken in den Boden.
- Wurzeln bilden sich; erst klein, dann immer größer.
- die Wirbelsäule richtet sich auf;.
- Nun stelle ich mir vor, dass meine Wirbelsäule der Stamm eines Baumes ist … von seinem Grund senken sich Wurzeln bis tief in die Erde hinein … und ich kann die Kraft aus der Erde ziehen … mit jedem Atemzug … ich fühle, wie die Energie zunimmt … wie die Säfte durch den Stamm des

Baumes emporsteigen … ich fühle, wie die Kraft in meiner Wirbelsäule emporsteigt … ich fühle, wie ich selbst lebendiger werde … mit jedem Atemzug … und von meinem Scheitel ranken sich Zweige zur Erde nieder … ich spüre sie am Rücken … ich spüre die Kraft, die aus meinem Scheitel hervorbricht … ich fühle, wie sie durch die Zweige abwärts strömt, bis sie die Erde wieder berührt und den Kreis vollendet … den magischen Kreislauf schließt, zu ihrem Ursprung zurückkehrt.

Gruppe: … und während wir tief atmen, spüren wir, wie sich all unsere Zweige miteinander verweben … und wie die Kraft sie durchströmt, durch sie tanzt, wie der Wind … wir fühlen den Strom der Kraft … jetzt atmen wir tief ein … saugen die Kraft in uns hinein, wie durch einen Strohhalm … spüren, wie sie den Rücken hinunter wandert und in die Erde fließt … entspannt Euch ….

- Auf das 3. Auge achten,
- auf den Atem achten.

und erfrischt, munter und bester Laune aus der Trance erwachen.

Metamorphosen

Innere Reise, um die Relativität vermeintlich festlegender "Parameter" zu erfahren.

In Trance gehen (entweder auf den Atem und das 3. Auge achten oder auf den Atem achten und Mantra benutzen).

- Suggerieren, dass ich schwerer und schwerer werde, bis ich den Boden eindrücke.
- Suggerieren, dass ich leichter und leichter werde, bis hin zum Gewicht einer Feder.
- "Normales" Körpergewicht wiedererlangen.
- Suggerieren, dass ich kleiner werde (0,5 m; 30 cm; handgroß).
- Suggerieren, dass ich größer werde (1 m; 2 m; 5 m, Riese).
- "Normale" Körpergröße wiedererlangen.
- Suggerieren, dass ich immer härter werde, bis ich Metall bin.
- Durchlässiger werden und suggerieren, dass ich mich in Stein verwandele.
- Suggerieren, dass ich mich in Holz verwandele, in einen jungen Baum; Äste, Zweige und Blätter fühlen.
- Wind bläst durch diesen Baum/mich; ich biege mich, werde durchlässiger.

- Suggerieren, dass ich zum Wind werde und imaginieren, dass ich an/über verschiedene Orte streife.
- Suggerieren, dass sich der Wind verdichtet, um sich selbst wirbelt.
- “Normale“ Gestalt wiedererlangen.
- Meditation beenden oder in mein Lieblingstier verwandeln.
- Zeit als Tier verbringen.
- Endgültige Rückverwandlung zu meiner Gestalt.

- Auf das 3. Auge achten,
- auf den Atem achten,
- und erfrischt, munter und bester Laune aus der Trance erwachen.

Pranayama

Klärt den Geist, fördert die Trance; reguliert den Atemrhythmus; Übung insgesamt 81 mal ausführen.

Auf den Atem achten.
- Einatmen, dabei bis 4 zählen.
- Anhalten, dabei bis 2 zählen.
- Ausatmen, dabei bis 4 zählen.
- Anhalten, dabei bis 2 zählen.

- Auf das 3. Auge achten,
- auf den Atem achten,
- und erfrischt, munter und bester Laune aus der Trance erwachen.

Chakren vibrieren lassen (Töne + Mantren).

Muladhara	- U -	LAM.
Svadisthana	- Oo (weich) -	WAM.
Manipura	- Ao (kehlig) -	RAM.
Anahata	- Aah -	JAM.
Vishudda	- E -	HAM.
Ajna	- I -	KSCHAM.
Sahsrara	- Mmh -	OM/AUM.

Heidnisches Kreuz

Die Übung dient dazu, sich als Mittelpunkt der magischen Welt zu erfahren und verschiedene "Qualitäten" kennen zu lernen.

– *Gesicht zum Osten.*

Intonieren:
- „Wie oben, so unten" – Achse mit Finger von oben nach unten.
- „Sonn und Mondin" – Achse mit Finger von links nach rechts.
- Pentagramm visualisieren, den Namen des Wächters der entsprechenden Himmelsrichtung intonieren und die Kreisverbindung zwischen den einzelnen Pentagrammen visualisieren/imaginieren.

Folgend:
- „Euros vor mir."
- „Zephiros hinter mir."
- „Notus zu meiner Rechten."
- „Boreas zu meiner Linken."

Ebenfalls visualisieren/imaginieren und intonieren:
- „Kosmos über mir."
- „Kosmos unter mir", häufiger wiederholen.
- „Kosmos in mir."

- Auf das 3. Auge achten,
- auf den Atem achten,
- und erfrischt, munter und bester Laune aus der Trance erwachen.

Mandala

Selbsterfahrungsmeditation
Konzentrische Ringe visualisieren (mindestens 3, höchstens unendlich; am besten 4).
Ringe symbolisieren mich – bewusst machen.
Äußerer Ring – Darstellung nach außen.
Innerster Ring – Kern meines Selbst.
2. und 3. Ring – Abstufungen zwischen den äußeren Ringen.
Über Ringe meditieren/reflektieren.
Symbole wahrnehmen und darüber meditieren/reflektieren.

- Auf das 3. Auge achten,
- auf den Atem achten,
- und erfrischt, munter und bester Laune aus der Trance erwachen.

Gibberische Meditation

Kathartische (= reinigende) Übung.
Auf den Atem achten (Trance).
Unsinn reden/plappern 15 min.
Ruhe 15 min.
Gewählte Zeitspannen sind Beispiele, also variierbar.

- Auf das 3. Auge achten,
- auf den Atem achten,
- und erfrischt, munter und bester Laune aus der Trance erwachen.

Steinritual

Eine Übung, die reinigend wirkt und das Bewusstsein für den Energiefluss und die Energiewahrnehmung sensibilisiert.
Stein (sehr gut: Fluorit und Bergkristall, aber auch Calcit) nehmen und ansehen.
Bewusstsein verengt/richtet sich auf den Stein (evtl. durch Singen oder bewusstes Atmen unterstützen); auch der Blick fokussiert sich auf den Stein.
Mit dem Stein eins werden, ihn fühlen (Brücke schaffen).
Stein in die Hand nehmen und physische sowie psychische Schmerzen (Wut, Trauer, Ängste, Sorgen) in den Stein fließen lassen/schicken.
(– Herumgeben).
Stein in die Hand nehmen und Wünsche, Sehnsüchte, Hoffnungen, Mitgefühl in den Stein fließen lassen.
(– Herumgeben).
Freude in den Stein fließen lassen.
(– Herumgeben).
Freude in den Stein fließen lassen.
(– Herumgeben).
Liebe in den Stein fließen lassen.
(– Herumgeben).

- Stein zurücklegen und Unterschiede (in Farbe, Form, Beschaffenheit, Energetisierung..) wahrnehmen.
- Verbindung aufnehmen, mehr erspüren.
- Ich selbst werden, "Normalität" wiedererlangen.

- Auf das 3. Auge achten,
- auf den Atem achten,
- und erfrischt, munter und bester Laune aus der Trance erwachen.

Rebirthing

Befreit blockierte Gefühle.
Möglichst nur in Gruppe/unter Anleitung praktizieren.

4 leichte Atemzüge, 1 tiefen Atemzug nehmen (ohne Beeinflussung).
Atem immer in Fluss halten - - keine Lücken zwischen Ein- und Ausatmen entstehen lassen.
Später evtl. dem eigenen Atemmuster folgen.
Immer weiteratmen, auch und gerade, wenn negative Gefühle, Bilder etc. hochkommen - haben therapeutische Funktionen (alte Negativitäten können aufgelöst werden).
Eventuelle anschließende Meditation über „Hochgekommenes".

- Auf das 3. Auge achten,
- auf den Atem achten,
- und erfrischt, munter und bester Laune aus der Trance erwachen.

Nada Brahma

Bewegungsmeditation, die das Bewusstsein dafür fördert.
Auf den Atem achten (Trance).
30 min. summen, ohne auf Schönheit o.ä. zu achten (tiefere Trance).
Hände auf Hüfthöhe, Handflächen nach oben und langsame, öffnende Bewegung nach außen – 7,5 min.
Hände auf Hüfthöhe, Handfläche nach unten und langsame, schließende Bewegung nach innen – 7,5 min.

Ebenfalls möglich: Übungen abwechselnd ausführen – 15 min.

- Auf das 3. Auge achten,
- auf den Atem achten,
- und erfrischt, munter und bester Laune aus der Trance erwachen.

Vipassana

Vipassana bedeutet wörtlich "Intuitives Wissen", "Inneres Verstehen" oder "Hellblick" (Gruber, 1997). Gemeint ist hiermit das intuitive Erkennen aller Daseinserscheinungen als vergänglich, nicht-hinreichend und unpersönlich (Nyanatiloka, 1981).

Auf den Atem achten (Trance).

Auf die Nase konzentrieren – nur durch die Nase atmen.
Auf das Kommen und Gehen des Atems achten; nicht beeinflussen, nur beobachten.
Atem „nur“ Meditationsobjekt, Geschwindigkeit egal.
Nach einiger Zeit die Abstände von Ein- und Ausatmen beobachten (werden größer).

- Auf das 3. Auge achten,
- auf den Atem achten,
- und erfrischt, munter und bester Laune aus der Trance erwachen.

Neue Wahrnehmung

Wahrnehmen/Erkennen, dass ich nur einen Ausschnitt der Wirklichkeit sehe („Wirklichkeit“ wird durch die Routine als auch durch Bewusstsein und Unterbewusstsein gefiltert – Mensch sieht weniger; dies ist oft auch sehr gut – die einstürmenden Eindrücke wären ansonsten so viel, dass die Gefahr des Wahnsinnes bestünde).

Suggerieren, dass ich alles neu sehe (mit verschiedenen Dingen ausprobieren – unvoreingenommen wahrnehmen).
Hände in den Schoß legen und suggerieren, dass ich beim/durch Öffnen meiner Augen noch tiefer in Trance falle.
Augen öffnen und eine Hand ansehen, als wäre sie ein neuer Teil von mir, den ich noch nie gesehen habe.
Bewusstsein in die Hand schicken; sie ist jetzt wieder ein Teil von mir - bewusster, sensibler, sensitive.
Dinge (z. B. meinen Körper) ertasten.
Hände vergleichen, einander berühren lassen.
Augen schließen und noch mehr Bewusstsein in die Hand geben - - Hand soll hören, evtl. sogar sehen können.
Dinge berühren; wollüstig wahrnehmen.
Hand wird wieder „normal“; das Bewusstsein aus der Hand fließt wieder in den Kern meiner Seele zurück.

- Auf das 3. Auge achten,
- auf den Atem achten,
- und erfrischt, munter und bester Laune aus der Trance erwachen.

Erinnerung

Vergangene Ereignisse in Erinnerung bringen
In Trance gehen (Atem + 3. Augen oder Atem + Mantra).
Suggerieren, dass ich mich an alles (Vergangene) erinnern kann.
Strudel zieht mich tiefer in Trance und in die Zeit zurück, Vergangenheit und Gegenwart werden identisch – Realität.
1 Jahr (Zeiträume sind Beispiele, kein Muss) zurückgehen und die aufsteigende Szene betrachten.
3 Jahre zurückgehen und die aufsteigende Szene betrachten.
In die Zeit als Jugendliche(r) zurückgehen und beobachten.
In die Kindheit zurückgehen und beobachten.
In die frühe Kindheit (Baby) zurückgehen und beobachten.

– Zeiträume anfangs (sehr) klein auswählen und genügend Zeit nehmen im jeweiligen Stadium (Alter) –.
– Meditation erfordert verhältnismäßig viel Zeit –.

Zurückkehren, wie hineingegangen und suggerieren, dass die eben als Gegenwart gesehene Vergangenheit wieder zur Vergangenheit wird und in die „normale" Realität zurückkehren.

Der Sonnenkreis

Die Übung dient dazu, die Qualität der Energie der Himmelsrichtungen (besser) zu verstehen.
Raum mit dem 3. Auge wahrnehmen und 4 Tore in den Himmelsrichtungen visualisieren.
In die jeweiligen Tore hineingehen (Beginn: Osten; dann Süden, Westen, Norden) und einige Zeit dort aufhalten.

Beschreibung der Himmelsrichtungen und der Wächter:

Osten: Frühlingslandschaft, in der der Sonn aufgeht und die Welt beginnt – Ideen, Pläne, Gedanken.
Wächter (Euros) rufen und umschauen (Wächter in Blau, hält Dolch in der Hand).

Süden: Sommerlandschaft zur Mittagszeit; Richtung des Lebens und der Intuition – Taten, Siege, Niederlagen.
Wächter (Notus) rufen und umschauen (Wächter in Rot, trägt Stab oder Flammenschwert).

Westen: Herbstlandschaft bei Sonn(en)untergang; Dinge gehen zu Ende (sterben) – Gefühle, Träume.
Wächter (Zephiros) rufen und umschauen (Wächter in Silber, trägt Kelch).

Norden: Winterlandschaft zu Mitternacht; hinter dem Ende, vor dem Anfang – Tod und Wiedergeburt, astrale Welt.
Wächter (Boreas) rufen und umschauen (Wächter in Braun, hält Pentakel in der Hand oder steht auf einem).

Nachdem ich in einer Richtung (Tor) war, gehe ich wieder in den Hauptraum; von dort gehe ich in das entsprechend nächste Tor. Nach Besuch aller Richtungen die Tore verblassen lassen.

- Auf das 3. Auge achten,
- auf den Atem achten,
- und erfrischt, munter und bester Laune aus der Trance erwachen.

Vier Schätze

Die Übung dient ebenfalls dazu, die Qualität der Energie der Himmelsrichtungen (besser) zu verstehen.
Hauptraum visualisieren (Höhle, Tempel, Pyramide, Wohnraum ...).
Umsehen, ob es Statuen, Fresken o.ä. gibt.
4 Türen/Räume gehen vom Hauptraum ab; in jeder Kammer befindet sich ein Schatz (Fähigkeit) – sind alle 4 im Gleichgewicht, ergibt sich die „optimale Balance".

Erklärungen

Östliche Kammer:
Denken, Logik, Sprache; in der Mitte befindet sich die Athame, (Dolch) oder das Schwert.

Südliche Kammer:
Intuition, Innensicht, Phantasien, Visionen, Unbewusstes, Bilder aus Erinnerungen, (Kunst); in der Mitte befindet sich der Stab.

Westliche Kammer:
Gefühle, Erinnerungen, Träume, Mitgefühl, (Heilung); in der Mitte befindet sich der Kelch.

Nördliche Kammer:
Sinnliche Erfahrungen, Verhältnis zum Körper, Mystik und Geheimnisse; in der Mitte befindet sich das Pentakel.

Nach jedem Besuch in einer Kammer gehe ich wieder in den Hauptraum; von dort gehe ich in die entsprechend nächste Kammer. Nach dem Besuch aller Kammern gehe ich in den Hauptraum zurück und visualisiere das Keltische Kreuz:

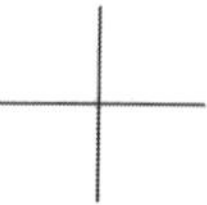

- Auf das 3. Auge achten.
- auf den Atem achten.
- und erfrischt, munter und bester Laune aus der Trance erwachen.

Geister der Elemente

Die Übung dient dazu, die Qualität der Energie der Himmelsrichtungen (besser) zu verstehen und verschiedene „Werkzeuge“ und „Bewohner“ dieser kennen zu lernen.

Raum visualisieren; in diesem Raum befindet sich ein Tisch, hier liegen die 4 Elementarwerkzeuge.
In den 4 Himmelsrichtungen sind das jeweilige Symbol (Tattwa) aus der indischen Tradition und die alchemistischen Entsprechungen sichtbar:

🜁	Luft = Osten: blauer Kreis
🜂	Feuer = Süden: rotes Dreieck
🜄	Wasser = Westen: silberne Halbmondin
🜃	Erde = Norden: braunes Quadrat

Vor die Tattwas stellen (mit Werkzeug) und über diese meditieren.
Für ein Werkzeug entscheiden, das ich mitnehmen möchte und nacheinander durch die Tattwas gehen, um die Landschaft dahinter zu erkunden.
Der jeweilige Wächter wird gerufen; nachdem ich mich gründlich umgesehen habe, gehe ich in den Hauptraum zurück und durch das entsprechend nächste Tattwa.

Wahrscheinliche Begegnungen:
Im Osten – Sylphen, Luftgeister.
Im Süden – Drachen, Salamander, Feuergeister.
Im Westen – Undinen, Nixen, Seeschlangen, Wasserbewohner.
Im Norden – Gnome, Riesen, Zwerge, Elfen, Lindwürmer.

In allen Himmelsrichtungen können jeweils Königin und König getroffen werden.

Nach dem Besuch aller Tattwas wieder in den Hauptraum zurückgehen und die Tattwas/Elementzeichen verblassen lassen:

- Auf das 3. Auge achten,
- auf den Atem achten,
- und erfrischt, munter und bester Laune aus der Trance erwachen.

Meditation auf göttliche Namen

Tranceinduzierende und sinnesverfeinernde Meditation.

Mantra: ISIS ASTARTE DIANA HEKATHE TANITA KALI INNANA,
oder ODIN ANUBIS LOKI JANUSZ CERNUNNOS PAN OSIRIS,
oder eigene Götter/innen, Heilige ... nehmen und ein eigenes Mantra erstellen.

Auf das Hören konzentrieren, ohne zu urteilen – als ob ich die Geräusche einem/r Tauben beschreibe:
Auf das Riechen konzentrieren, ohne zu urteilen,
Auf das Schmecken konzentrieren, ohne zu urteilen.

Suggestion: Beim Öffnen der Augen falle ich in noch tiefere Trance.
Augen öffnen (noch tiefere Trance) und auf das Gesehene achten; aber mehr auf Form und Farbe, als auf den Gegenstand (Name, Sinn und Zweck) an sich.

Suggestion: Beim Schließen der Augen falle ich noch tiefer in Trance.
Augen wieder schließen (noch tiefere Trance) und auf den Tastsinn und die Hautoberfläche achten.
Nach innen schauen (Skelett, Muskeln, innere Organe) und ohne zu urteilen wahrnehmen – auch bei etwaigen Schmerzen.
Wahrnehmung auf Kinästhetik richten (wie sind die Gliedmaßen, Extremitäten zur Körpermitte hin ausgerichtet).
Gleichgewichtssinn beachten (Erdmittelpunktzuordnung); sich, falls möglich, als Teil eines großen Ganzen betrachten.

Auf Gefühle achten und sie groß und intensiv werden lassen, beobachten.
Auf Gedanken achten und beobachten – sie sind nicht ich bzw. von mir.
Konzentrationen ohne Zwang durchführen; entspannen, viel Geduld und loslassen - - Phasen der Konzentration werden mit Übung länger.

Suggerieren, dass ich langsam aus der Trance zurückkehre und frisch sowie entspannt bin.
– auf das 3. Auge achten,
– auf den Atem achten.

Symbole des Körpers

Die unbewusste Einstellung zum Körper bzw. -teilen kann erkannt werden.

Körperteile durchgehen/Wahrnehmung ausrichten auf:
– Füße
– Waden
– Schenkel
– Knie
– Unterleib
– Bauch
– Rücken
– Brust
– Hals
– Arme
– Hände
– Gesicht
– Kopf

Ein Bild des Körperteils entsteht/kann entstehen.
Jeweils zu einem Diagramm verbinden, bis der gesamte Körper als Darstellung gesehen werden kann.
Zurückkehren wie hineingegangen.

Eventuell späteres Reflektieren über Ergebnisse der Meditation.

Die Gestalt machen – 4-Elemente-Übung

Die Übung dient ebenfalls dazu, die Qualität der Energie der Himmelsrichtungen (besser) zu verstehen.

In die Mitte des Tempels/Raumes setzen.
In jede Himmelsrichtung je ein Blatt Papier und Stifte der entsprechenden Farbe legen.
Zentrieren, noch tiefere Trance erreichen.
Beginn im Osten; dann Norden, Westen, Süden.
Auf das Blatt im.

Osten: Mein Verstand in BLAU schreiben.
Norden: Mein Körper in BRAUN schreiben.
Westen: Meine Gefühle in SILBER/GELB/WEISS schreiben.
Süden: Der Beobachter in ROT schreiben.

Osten zuwenden und über meinen Verstand meditieren.

Was will mein Verstand von meinem Leben und welche Bedürfnisse hat er? Die Antworten auf das Blatt schreiben.
Erneut in Trance gehen.

Übung mit entsprechend anderen Formulierungen mit dem Norden (Körper) und dem Westen (Gefühle) wiederholen.

Süden zuwenden: In mir ist ein weises Wesen, das über mein Leben wacht

Was kann es für mich tun?
Was sagt es zu meinem Leben und der Art, wie ich es führe/lebe?
Wie kann ich mein Leben besser leben?

Nach jeder Himmelsrichtung vor dem Zuwenden zu einer neuen Richtung erneut in Trance gehen (Trance wird durch das Schreiben aufgehoben/abgeschwächt).

Abschließende Meditation: Wie kann ich die Harmonie aller Himmelsrichtungen erreichen?

- Auf das 3. Auge achten,
- auf den Atem achten,
- und erfrischt, munter und bester Laune aus der Trance erwachen.

Yoganidra (Schlaf der Yogis)

Übung harmonisiert den Körper und kann Verspannungen lösen.

Einzelne Körperteile (mehrmals) durchgehen.
Die Zehen werden locker.
Die Füße werden locker.
Die Waden werden locker.
Die Beine werden locker.
Die Knie werden locker.
Der Unterleib wird locker.
Der Bauch wird locker.
Die Brust/der Brustkorb wird locker.
Der Hals wird locker.
Die Hände werden locker.
Der Kopf wird locker.
Alles wird locker.

- Auf das 3. Auge achten,
- auf den Atem achten,
- und erfrischt, munter und bester Laune aus der Trance erwachen.

Mantra Japa

Tranceinduzierende Übung:

– Auf den Atem achten.

MANTREN:

ISIS ASTARTE DIANA HEKATHE TANITA KALI INNANA.
oder.

ODIN ANUBIS LOKI JANUSZ CERNUNNOS PAN OSIRIS.
oder.

WODEN BACHUS TAMMUSZ CERNUNNOS PAN OSIRIS.
oder..

- Auf das 3. Auge achten,
- auf den Atem achten,
- und erfrischt, munter und bester Laune aus der Trance erwachen.

Deva Sanyama

Auf den Atem achten.
Auf (persönliche) Gottheit (oder Blume, Stein, Kerzenflamme, ...) konzentrieren.

- Auf das 3. Auge achten,
- auf den Atem achten,
- und erfrischt, munter und bester Laune aus der Trance erwachen.

Atemübung 1

Übung erhöht die Sauerstoffmenge im Blut und Gehirn; vergrößert, regelmäßig praktiziert, das Lungenvolumen und reguliert das Atemverhalten.

Auf den Atem achten (Trance).
Voll in alle 3 Bereiche (Bauch, Flanken, Brust) einatmen.
2/3 ausatmen, 1/3 in das Hara pressen.
9 x (81 x = große "Tour") wiederholen.

Dann ausatmen und die Nasenlöcher mit den Fingern verschließen.
Auf Puls achten - - Atem möglichst 81 Herzschläge anhalten (kleine Tour) - - große Tour 108 x.
Nur Bauchdecke anspannen, Kehle und alles andere lockerlassen (beim Pressen ins Hara).
Nach „Tour" ruhig einatmen, nicht japsen.

- Auf das 3. Auge achten.
- auf den Atem achten.
- und erfrischt, munter und bester Laune aus der Trance erwachen.

Atemübung 2

Die Übung erhöht die Sauerstoffmenge im Blut und Gehirn; vergrößert, regelmäßig praktiziert, das Lungenvolumen und reguliert das Atemverhalten.

Auf den Atem achten, wie er kommt und geht.
Mit schlürfendem Geräusch vollständig (3-teilig) durch den Mund einatmen.
- Gesicht/Kopf zur linken Schulter drehen und 9 Herzschläge lang den Atem anhalten.
- Gesicht/Kopf in die Mitte drehen, ausatmen und erneut mit schlürfendem Geräusch einatmen.

- Gesicht/Kopf zur rechten Seite drehen und 9 Herzschläge lang den Atem anhalten.
- Gesicht/Kopf in die Mitte drehen, ausatmen und erneut mit schlürfendem Geräusch einatmen.

Ganzen Vorgang abwechselnd (einatmen, linke Schulter, in Mitte ausatmen und einatmen, Kopf zur rechten Seite, in Mitte ausatmen und einatmen, Kopf zur linken Schulter ....); 81 x wiederholen.

„Normal“ atmen; Konzentration auf das Hara.

- Auf das 3. Auge achten,
- auf den Atem achten,
- und erfrischt, munter und bester Laune aus der Trance erwachen.

Atemübung 3

Die Übung ist tranceinduzierend.

Auf den Atem achten.
In alle 3 Zonen vollständig einatmen und mit Summen oder OM/AUM ausatmen (81 x).

- Auf das 3. Auge achten,
- auf den Atem achten,
- und erfrischt, munter und bester Laune aus der Trance erwachen.

Feueratem

Die Übung dynamisiert den Organismus und klärt das Bewusstsein.

Auf den Atem achten.
In alle 3 Zonen vollständig und schnell ein- und ausatmen (81 x).
Vollständig einatmen und Luft anhalten (möglichst 9 Herzschläge lang).

- Auf das 3. Auge achten,
- auf den Atem achten,
- und erfrischt, munter und bester Laune aus der Trance erwachen.

Vorsicht walten lassen: es kann zu einer zu großen Menge an Sauerstoff im Gehirn kommen, was Schwindel verursacht – dies ist zwar erwünscht; ist aber in Balance zu halten, also langsam vorgehen.

VI. Bannungen/Schutzkreis ziehen

a) Sinn der Bannungen

Wer magisch arbeitet ist mit einem Feuer in der Nacht zu vergleichen, das ungebetene Gäste anzieht. Beim Feuer in der Nacht sind es unter anderem die Mücken, beim „magischen Feuer“ sind es Wesenheiten (die uns und/oder dem Ritual schaden könnten).

Die Bannungen bewirken:
- Erdung (Konzentration auf die magische Operation und Zentrierung in der eigenen Mitte).
- Schutz(kreis) vor negativen (okkulten) Einflüssen (jede magische Operation zieht “Energie-Schmarotzer“ an).
- Ausschaltung des Alltagsbewusstseins (somit auch von Ängsten, Sorgen, Obsessionen etc.).
- Verbindung mit kosmischer und irdischer Energie.
- Erschaffung des eigenen Universums.

Folgend nun einige Bannungsrituale, mit denen ein magischer Schutzkreis erschaffen wird. Die IAO-Formel kann für kleinere magische Arbeiten wie z. B. Energiegabe verwendet werden; das gnostische Bannungsritual für “mittlere“ Arbeiten wie z. B. einfache Kerzen-, Amulett-, Steinladungen, ...
Das KbPR ist auch für schwierige magische Arbeiten verwendbar wie z. B. Arbeit mit oder Erschaffung von Wesenheiten. Es erschafft einen äußerst stabilen Schutzkreis.

Folgend werden drei Bannungsmöglichkeiten/Möglichkeiten des Ziehens eines Schutzkreises beschrieben.

b) IAO-Formel

Gesicht zum Osten.

Folgendes intonieren und dabei visualisieren/imaginieren:

I Weißer Lichtstrahl, der von der Mitte des Körpers ausgehend nach oben und unten verläuft und sich in der Unendlichkeit verliert – Hände an die Oberschenkel legen.

A Roter Lichtstrahl, der vom Anahata ausgehend nach links und rechts verläuft und sich dabei ebenfalls in der Unendlichkeit verliert – Arme bis zur Waagerechten ausstrecken; Hände nach unten.

O Blauer oder violetter Lichtkreis/-kegel, der mich umgibt bzw. einhüllt – Hände bilden ein (wahlweise) auf- oder absteigendes Dreieck am Hara.

Erläuterungen:

„I" steht für die Verbindung von Himmel und Erde, sowie oben und unten (die wir schaffen).

„A" steht für die Verbindung von links und rechts, Yin und Yang, sowie Geben und Nehmen (die wir schaffen).

„O" steht für die Magierin/den Magier im Kreis, in ihrer/seiner Welt.

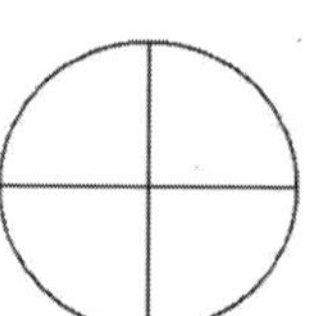

c) Gnostisches Bannungsritual

Gesicht ist dem Osten zugewandt.
Folgendes intonieren und dabei visualisieren/imaginieren:

I	Kopf "erleuchtet".
E	Hals "erleuchtet".
A	Herz "erleuchtet".
O	Bauch "erleuchtet".
U	Unterleib "erleuchtet".

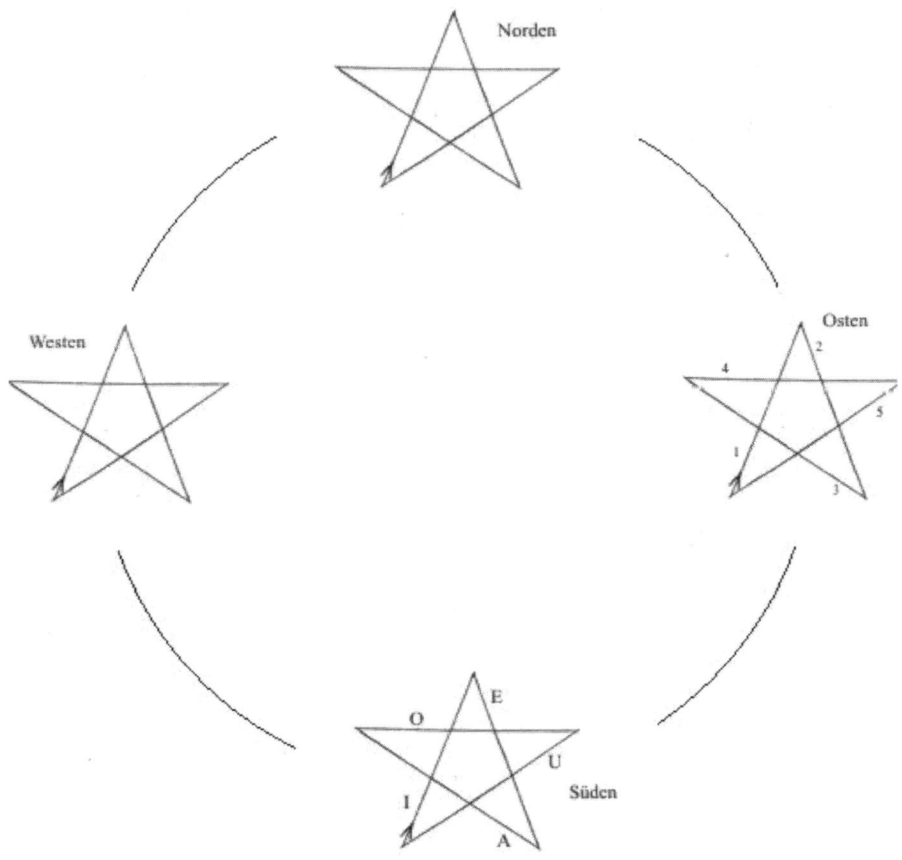

Nach IEAOU (von oben nach unten) UOAEI (von unten nach oben) intonieren.
Visualisieren, dass die Energie durch die Beine in die Erde fließt und aus dem Himmel in den Kopf. 4 Pentagramme (bannend) in die jeweilige Himmelsrichtung ziehen und jede Linie mit entsprechendem Vokal (I, E, A, O, U) intonieren.
In das gezogene Pentagramm „hineinstechen" = Aktivierung – Aufleuchten visualisieren.
Athame/Stab/Hand aber nicht absetzen und somit Verbindung/Kreis von Pentagramm zu Pentagramm schaffen.
Beginn Osten, dann Süden, Westen, Norden – WICHTIG: Nach Ziehen des (letzten) Pentagramms im Norden die Kreisverbindung zum Osten herstellen.
Nach Ziehen des Kreises erneut IEAOU und UOAEI intonieren.
Nach Beendigung eines etwaigen Rituals den Kreis entweder „wegblasen" oder mit „Phatt" (lauter Ruf/Schrei) sprengen.

d) Kleines, bannendes Pentagramm-Ritual (KbPR)

Das Pentagramm ist eine uralte wichtige magische Glyphe, die für den Mikrokosmos (Mensch) steht – das Hexagramm hingegen steht für den Makrokosmos (Planeten/Universum).
Das KbPR entstammt der kabbalistischen Tradition des Golden Dawn (hermetischer, magischer Orden); es ist der kleinste, gemeinsame Nenner aller westlich (hermetische orientierten) Traditionen – d.h. ich kann mit Hilfe des KbPR mit jedem/jeder (vernünftig) ausgebildeten Magier/in aus jedem Land der Erde zusammen ein Ritual zelebrieren.
Der Kreis, der durch das KbPR gebildet wird, ist ein äußerst wirksamer und starker Schutz, indem nach Bildung so gut wie jedes Ritual durchgeführt werden kann.

Zweck:
- Allgemeiner Schutz (Stärkung der Aura und somit des Abwehr-/Gesundheitssystems).
- Spezieller Schutz (vor okkulten) Gefahren durch das Erschaffen des magischen Schutzkreises.
- Teilritual einer größeren Zeremonie.
- Übung für Visualisations-, Imaginations-, Konzentrations- und Tranceschulung.

Das KbPR besteht aus folgenden Stufen:
Kabbalistisches Kreuz.
Schlagen/Ziehen der Pentagramme und des Kreises.
Anrufung der Erzengel/Elementarherrscher.
Kabbalistisches Kreuz.
(Entlassungsformel).

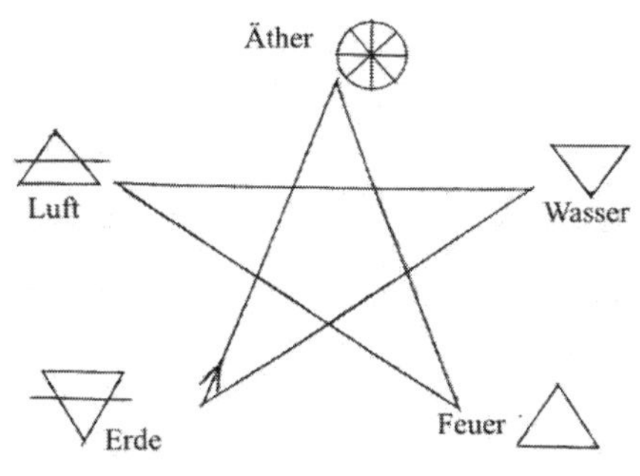

Kabbalistisches Kreuz

Vorgehensweise:
Blickrichtung Osten.
Visualisation eines lichten, gleichschenkligen Kreuzes, das ich durch mich hindurch ziehe (von oben nach unten und von der rechten zur linken Schulter); ich bin also dieses Lichtkreuz.

Stirn berühren: „Ateh“ intonieren (= Dein ist).
Brust/Unterleib berühren: „Malkuth“ intonieren (= das Reich).
Rechte Schulter berühren: „Ve-Geburah“ intonieren (= und die Kraft).
Linke Schulter berühren: „Ve-Gedulah“ intonieren (= und die Herrlichkeit).
Arme vor der Brust kreuzen: „Le Olam“ intonieren (= in Ewigkeit).
Hände vor der Stirn zusammenlegen und herunterziehen:
„Va-Eth“ intonieren (= So sei es/Amen).

Das Kreuz eventuell in Farbe (traditionell weiß; rot, silber – eine andere Farbe ist aber auch möglich) visualisieren.

Die Wände des Tempels (= Körper) sollen bei der Intonation des kabbalistischen Kreuzes, der Gottesnamen und der Erzengel vibrieren – dieses funktioniert mit Übung auch mental, ist aber auch vorher grundsätzlich nicht mit Lautstärke zu verwechseln.

Schlagen/Ziehen der Pentagramme und des Kreises

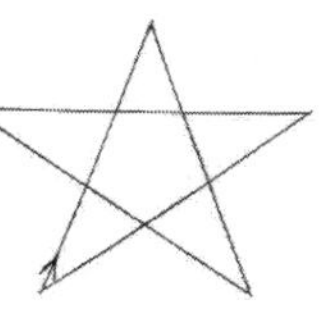

Zugrichtung von der Erde aus (s. Abb.): die Magierin/der Magier steht mit beiden Beinen auf dem Boden und ist in seiner Mitte – durch das Stehen in der Mitte des Kreises symbolisiert und verleiht somit Konzentration und Stabilität.

Vorgehensweise:
Blickrichtung Osten.
Pentagramme in Licht/Farbe (weiß, rot, silber, blau …) visualisieren.

Beginn im Osten, dann Süden, Westen, Norden;
Pentagramm in der jeweiligen Himmelsrichtung ziehen; Pentagramme ca. einen Meter groß ziehen (siehe Gnostische Bannung); beim Ziehen einer aufsteigenden Linie einatmen; beim Ziehen einer absteigenden Linie ausatmen; beim Ziehen einer waagerechten Linie die Luft anhalten/nichts tun;
Athame/Stab/Hand zurückziehen und in die Mitte des Pentagramms hineinstoßen (Aktivierung); Athame/Stab/Finger nach dem Ziehen des jeweiligen Pentagramms nicht absetzen (siehe Gnostische Bannung) und so von Pentagramm zu Pentagramm den Kreis bilden; zuletzt also den Kreis vom Norden (letztes Pentagramm) zum Osten schließen.

Dabei das Folgende intonieren:

Osten:	Jehova (JHVH)	(Jahwe)	Ich bin, der ich bin.
Süden:	Ahdonai	(Adni)	der Herr.
Westen:	Äe-hi-iäh	(Ehih)	ich werde sein.
Norden:	Ahgella	(Ahglah)	Du bist mächtig, in Ewigkeit sei.

Oben beschriebene Vorgehensweise ist erst einmal so zu praktizieren, kann auf Wunsch später aber auch verändert werden. So können zum Beispiel andere Götternamen gebraucht werden. Hier eine germanische Version:

Osten:	Idun.
Süden:	Loki.
Westen:	Freya.
Norden:	Odin.

Ebenso kann mit Göttern aus anderen Mythologien gearbeitet werden. Es sollte nur darauf geachtet werden, dass die Eigenschaften/Qualitäten dieser Gottheiten denen der Himmelsrichtungen gleichzusetzen sind/ähneln.

Anrufung der Erzengel

Blickrichtung Osten.
Ausgestreckte Arme, Visualisation eines schwarzen, gleichschenkligen Kreuzes durch mich hindurch und einer roten (oder wahlweise gelben) Rose in der Mitte.
Folgende Formeln werden intoniert und die jeweiligen Herrscher visualisiert:

Formel /Visualisation/Imagination:

„Vor mir Rafael“ gelbes Gewand, Stab, Salbentopf, leichter Wind aus Osten.

oder „Euros“ Herrscher der Luft aus Wicca.

„Hinter mir Gabriel“ blaues Gewand, Kelch, steht im Wasser, Nässe aus Westen.

oder „Zephiros“ Herrscher des Wassers aus Wicca.

„Zu meiner Rechten Michael“ rotes Gewand, Flammenschwert, Hitze aus Süden, Feuer.

oder „Notus“ Herrscher des Feuers aus Wicca.

„Zu meiner Linken Uriel“ erdfarbenes Gewand, Ährengarbe im Arm, Pentakel, steht im Weizenfeld, Stille aus Norden.

oder „Boreas“ Herrscher der Erde aus Wicca.

„Um mich herum flammende Pentagramme, über mir strahlt der sechszackige Stern.“
Farbe: golden – entweder ziehen oder visualisieren (s. Abb.).

Bedeutung der Namen der Erzengel:

Rafael	Der Arzt Gottes.
Gabriel	Der Mächtige aus Gott (Geist als Träger des Lebens).
Michael	Wer ist wie ich; Das Schwert Gottes + Schutzengel.
(A)Uriel	Das Feuer Gottes; nährend und zerstörend.

Kabbalistisches Kreuz

Am Anfang bereits beschrieben.

Abschlussformel (Beispiel)

Folgende Formel wird gesprochen:
„Hiermit entlasse ich alle Energien und Wesenheiten, die durch dieses Ritual gebannt wurden. Geht hin in Freiheit; Friede herrsche zwischen Euch und mir (uns).“

Grundsätzliche Vorgehensweise bei einem Ritual

Kleines, bannendes Pentagramm-Ritual.
Hauptritual.
Kleines, bannendes Pentagramm-Ritual.
Abschlussformel.

Allgemeines

Die Pentagramme werden am Schluss nicht eingesammelt; die Abschlussformel „beseitigt" alles, was nötig ist.

Nach der Anrufung der Erzengel bzw. dem zweiten kabbalistischen Kreuz sollte gleichzeitig jedes Pentagramm und der Kreis, sowohl als auch die Gottesnamen gehört werden können, die Erzengel bzw. die Elementherrscher sollten gespürt/gesehen werden und Mensch selbst sollte ein schwarzes Kreuz mit einer roten Rose und ein Lichtkreuz sein.

Diese „Perfektion" zu erreichen, kann etwas dauern – nicht verzagen bzw. frohen Mutes weitermachen.

Nähere Erklärungen zur Bedeutung der einzelnen Bestandteile des KbPR.

Kabbalistisches Kreuz:

Stellt innere Harmonie und Mittigkeit her.
(Ausgewogene) Aktivierung der feinstofflichen (Körper-)Energien; ähnlich z. B. einigen Yoga-Übungen.
Magischer Schutz, innere Ruhe und eventuell Heilung.
Stärkt das Selbstvertrauen und die Selbstsicherheit; nimmt die (besonders in der Magie) gefährlichen Ängste (Dein ist das Reich – gemeint ist des Magiers/der Magierin).
Verbindet Himmel und Erde (Kether und Malkuth).
Vereinigt die Dualitäten (Yin/Yang, Geben/Nehmen, Links/Rechts, Oben/Unten, Schwarz/Weiß …).
Mantren müssen nicht reflektiert werden, wirken allein durch den Klang der Intonation.

Ziehen des Kreises (oft auch als Kugel wahrgenommen)

Symbol der Unendlichkeit (kein Anfang und kein Ende).
Filter; hält ungewollte Einflüsse fern; zieht erwünschte an.
Magier/in ist in seiner/ihrer Mitte; steht dort im Kreis.
Schutz vor dem Alltäglichen.
Sinnbild für Konzentration.
(Mikro-)Kosmos des Magiers/der Magierin, den er/sie beherrscht.

Niemals den Kreis verlassen bzw. immer im Kreis bleiben – Gefahr bei gewissen Energien/Wesenheiten von Verwirrung, Krankheit, Wahnsinn, bis hin zum körperlichen Tod.
Der Kreis sollte nicht nur visualisiert werden, sondern auch körperlich (imaginativ) wahrgenommen werden (z. B. als eine Art Mauer).

Ziehen der Pentagramme

Uralte Schutzglyphe.
Tore für die Erzengel/Elementherrscher.
Verbindet alle Elemente (Luft, Feuer, Wasser, Erde, Äther) miteinander.
Stellt den Menschen (mit ausgestreckten Armen) dar.

Gottesnamen

J-H-V-H	Ich bin, der ich bin (steht für das Streben der/des Magiers/in, es auch zu sein, d.h. den eigenen Willen zu erkennen und zu leben und somit die eigenen Bestimmung zu verwirklichen).
AHDONAI	Herr/mein Herr (Name, den der/die orthodoxe Jüdin/Jude anstelle von Jehova liest).
ÄE-HI-IÄH	Ich werde sein (steht für das Wollen der/des Magiers/in).
AGELLA	Abkürzung eines Satzes, eigentlich kein Gottesname (Atheth (AGLA) Gibor Leolam Ahdonari = Du bist mächtig in Ewigkeit, o Herr).

Der Grund der Zuordnung zu den Elementen/Himmelsrichtungen ist unklar; klar ist hier nur, dass es traditionell in dieser Form praktiziert wird.

Wichtig ist auch hier eher die Schwingung der Intonation, als die Reflektion der Gottesnamen – von daher auch für nicht jüdisch/christlich religiöse Menschen praktizierbar.

Anrufung der Erzengel und Visualisation weiterer Glyphen

Das gleichschenklige Kreuz symbolisiert das Aufeinandertreffen von Geist (senkrechte Achse) und Materie (waagerechte Achse), an dessen Schnittpunkt der Mensch steht (dort blüht auch die Rose der Erkenntnis und Weisheit).

Das Hexagramm steht für den Makrokosmos und (insgesamt) für die astrale Welt – im Gegensatz zum Pentagramm (steht für den Mikrokosmos und die sublunare Welt und die 5 Elemente). Des Weiteren steht das Hexagramm auch für das Verschmelzen der kosmischen Polaritäten männlich (Yang) und weiblich (Yin) als auch für die Elemente Feuer (Intuition) und Wasser (Gefühl).

Die Erzengel können ebenso wie die Gottesnamen ersetzt werden (z. B. Ihr Mächte des Wassers, Feuers, der Erde und der Luft oder die Elementherrscher aus Wicca oder, oder, oder); anfänglich aber ruhig das traditionelle System wählen (auch, falls dieses nicht so gefallen sollte) ein/e Magier/in kann alles sein.

VII. Planetenmagie

Das Pentagramm steht für den Mikrokosmos (und somit auch für den Menschen) und die Ausübung von Magie; das Hexagramm steht für den Makrokosmos (und somit auch für das Universum) und den Weg der Mystik und der Selbsterkenntnis. Das Ziel der/des Magierin/Magiers besteht darin, in ihrer/seiner Mitte und im Mittelpunkt des Universums zu sein.
Das erreichen wir beispielsweise durch Rituale und magische Übungen.
Das Hexagramm ist, wie schon geschrieben, das Symbol der Planeten; außerdem steht es für Feuer und Wasser, Yin und Yang, Shakti und Shiva, männlich und weiblich --- es symbolisiert somit die Grundpolaritäten allen Seins (s. Abb.).

Die Planeten werden als Symbole der Göttinnen und Götter (des römischen Pantheons – Götterhimmels) betrachtet. Sie zeigen Konstellationen und Tendenzen an, verursachen diese aber nicht. Sie sind differenzierte Psychologie und Daseinslehre, mit deren Hilfe wir unsere Ziele klar (erkennen und) umreißen und deren Verwirklichung in Angriff nehmen können.
Sie können auch Handlungen zugeordnet werden.
Im Hexagramm-Ritual sind sich gegenüberliegende Planeten "gut" gesonnen, im Gegensatz zur Astrologie (da sind es Spannungsaspekte).

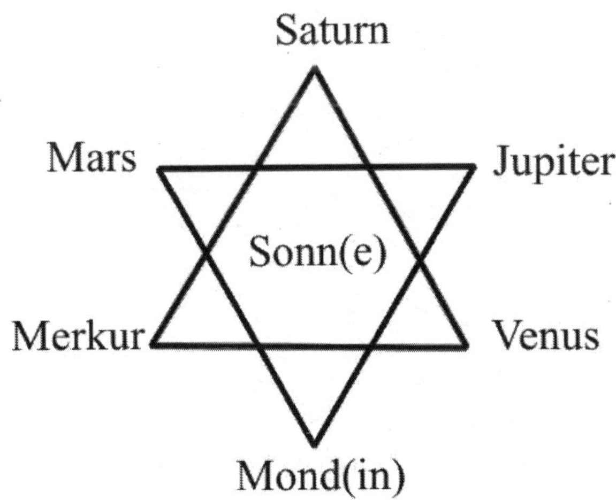

Ritual

Rufen mit dem Uhrzeigersinn; Bannen entgegengesetzt zum Uhrzeigersinn. Das erste Dreieck wird immer bei dem betreffenden Planeten beginnend gezogen, das andere Dreieck beim gegenüberliegenden Planeten.
Sonnenhexagramm: alle Planetenhexagramme zeichnen (Saturn, Jupiter, Mars, Venus, Merkur, Mond(in)) --- und zwar immer die Sonnenformel benutzen.

Symbole	Tag	Farbe	Formel
Sonn. ☉	Sonntag	Gold	Jod he vau he eloha va Daath Ararita
Mondin ☽	Montag	Silber	Shadai el Shai Ararita
Mars ♂	Dienstag	Rot	Elohim Gibor Ararita
Merkur ☿	Mittwoch	Orange	Elohim Tzabaoth Ararita
Jupiter ♃	Donnerstag	Violett (Grün)	El (kehlig: al) Ararita
Venus ♀	Freitag	Grün (Braun)	Jod he vau he Tzabaoth Araritag
Saturn ♄	Samstag	Schwarz	Jod he vau he Elohim Ararita

Zwei Möglichkeiten der Vorgehensweise:

- Die Formeln beim Ziehen der Dreiecke intonieren (Beispiel: Mondin: nach dem Ziehen der beiden Dreiecke mit der Formel „Shadai el Shai" das Symbol der Mondin in die Mitte des Hexagramms zeichnen und dabei „Ararita" intonieren).
- „Ararita" beim Ziehen des Hexagramms intonieren; beim Ziehen des Symbols in der Mitte die entsprechende Formel intonieren (besser).

Übersetzung der Formeln:

Sonn	Gott manifestiert in der Sphäre des Geistes.
Mondin	Der allmächtige, lebendige Gott.
Mars	Allmächtiger Gott.
Merkur	Herr der Heerscharen.
Jupiter	Gott.
Venus	Ich bin der, der ich bin – Herr der Heerscharen.
Saturn	Gott, der Herr.

Achtphasiger Ablauf eines Planetenrituals:

- Kleines, bannendes Pentagramm-Ritual.
- Über die (jeweilige) Planetenkraft meditieren.
- Kleines (rufendes) Hexagramm-Ritual.
- Planetenkraft anrufen (e- oder invozieren) und mit der Gottheit/Energie arbeiten.
- Verabschiedung der Planetenkraft.
- Abschlussmeditation über die Planetenkraft.
- Kleines (bannendes) Hexagramm-Ritual.
- Kleines, bannendes Pentagramm-Ritual mit Abschluss-/Entlassungsformel.

a) Die Planetenprinzipien im Abriss

Es folgt nun ein kurzer Überblick über die Planetenprinzipien.

Sonn (lat. Sol)

Grundprinzip: Schaffenskraft, Verstand, Bewusstsein, Mitte des Seins, Zentriertheit, Geben, Vitalität, Wissen der linearen Welt, intellektuelles Verstehen, Strukturerschaffung.
Erfolgsmagische Operationen: Steigerung von Lebensqualität, Zauber für Gesundheit, Wohlstand/Geschäfte, persönliche Macht, Zunahme von Weisheit und Zentriertheit, Festigung der magischen Person.

Mondin (lat. Luna)

Grundprinzip: Fraulichkeit, Traumwelten, Emotion/-alität und deren Synthese, Intuition, Empfangen und Gebären, Veränderung, Wankelmut, Wissen um Zyklen und Struktur, Rhythmus.
Erfolgsmagische Operationen: Divination, Sexualmagie, emotionale Magie, Auflösungs- und Irritationszauber, Mantik, Verbindung mit Weiblichkeit, Traumarbeit, Wahrnehmung der feinstofflichen Welten, Zyklen und Rhythmen verbessern.

Merkur (lat. Mercurius)

Grundprinzip: Kommunikation, Sprache, Verstand, Gerissenheit, Heilwissen, Diebstahl, Geschäftstauglichkeit, Struktur.
Erfolgsmagische Operationen: Geldmagie, Magie für Heilungen, Unterstützung bei Prüfungen, Geschäftsgesprächen, Vorträgen und weiteres, Förderung intellektueller Angelegenheiten.

Venus (lat. Venus)

Grundprinzip: Liebe, Vereinigung und Romantik, Harmonie, Schönheit, Künste, Erotik, diplomatisches Geschick, Abstimmung von Strukturen.
Erfolgsmagische Operationen: Liebeszauber, Zauber für künstlerische Vorhaben, Einigung nach z.B. Streit, Zauber um Gefühle zu beeinflussen, Schönheits-/Attraktivitätszauber.

Mars (lat. Mars)

Grundprinzip: Antrieb/Dynamik, Kampf, Konkurrenzkampf, Selbstbehauptung/-schutz, fordernde/männliche Sexualität/Leidenschaft, Mut, Wut, Befruchtung, Feuer.
Erfolgsmagische Operationen: Stärkung der eigenen Person (Durchsetzung, Erhöhung der Leistungskraft), Zauber für Angriff und Schutz, Magie für sexuelle Begegnungen, Wut-Trance.

Jupiter (lat. Iovis)

Grundprinzip: Religion, ethische Werte, Zunahme/Ausdehnung/Wachstum, ganzheitliches Wissen, Überfluss, Freigebigkeit, Einweihung, Harmonisierung von Strukturen.
Erfolgsmagische Operationen: Magie für Glück, Reichtum, Heilung, Erwerb von geistigem Wissen, Magie zur Stärkung der eigenen Person in der Welt.

Saturn (lat. Saturnus)

Grundprinzip: Begrenzung, Erkrankung, Sterben/Tod, Behinderung, Initiation, Festigkeit/Härte, Genauigkeit, Ernsthaftigkeit, Detailgenauigkeit, Verwurzelung in der Materie, Zähigkeit, Wissen um die Zeit, Festlegung von Struktur.
Erfolgsmagische Operationen: Zauber um die Konzentration zu verbessern, weltliche Projekte, wie z.B. einen neuen Arbeitsplatz, zu fördern, für Immobiliengeschäfte, Todeszauber.

Die Planeten und ihre wichtigsten Korrespondenzen.

Planet, Symbol	Zahl	Wochentag	Metall; Farbe; Edelstein; Duft; Pflanze; Formel	
Mondin ☽	9	Montag	M	Silber
			F	Weiß, Silber
			E	Mondstein, Kristall, Perle
			D	Jasmin, Ginseng, alle "süßen, jungfräulichen" Düfte
			P	Damiana, Mandragora, Mandel
			Fo	SHADDAI EL SHAI
Mars ♂	5	Dienstag	M	Eisen
			F	Rot
			E	Rubin
			D	Pfeffer, Tabak, Drachenblut, alle „heißen, stechenden" Düfte
			P	Eiche, Nessel, Brechnuss
			Fo	ELOHIM GIBOR
Merkur ☿	8	Mittwoch	M	Quecksilber, Messing
			F	Orange (Gelb)
			E	(Feuer)Opal, Achat
			D	Styrax, Mastix, alle „flüchtigen" Düfte
			P	Moly, Salbei, Peyote
			Fo	ELOHIM TZABAOTH
Jupiter ♃	4	Donnerstag	M	Zinn
			F	Blau (Königsblau)
			E	Amethyst, Saphir
			D	alle „großzügigen" Düfte
			P	Olive, kl. Goldklee (Shamrock)
			Fo	EL

Venus ♀	7	Freitag	M	Kupfer
			F	Grün
			E	Smaragd, Türkis
			D	Rose, Myrte, alle „sanften, lüsternen“ Düfte
			P	Rose, Myrte, Klee
			Fo	YOD-HE-VAU-HEH TZABAOTH
Saturn ♄	3	Samstag	M	Blei
			F	Schwarz, Braun
			E	Onyx
			D	Asant, Skammonia, Indigo alle „üblen“ Düfte
			P	Eibe, Zypresse, Nachtschatten
			Fo	YOD-HE-VAU-HEH ELOHIM
Sonn ☉	6	Sonntag	M	Gold
			F	Gelb, Golden
			E	Heliotrop, Topas
			D	Olibanum, Zimt, alle „herrlichen“ Düfte
			P	Akazie, Lorbeer, Wein
			Fo	YOD-HE-VAU-HEH, ELOA VA-DAATH

Anrufend

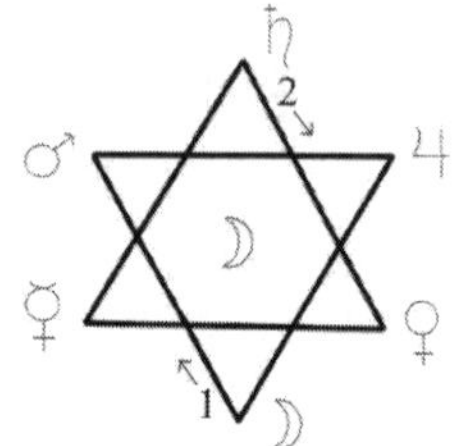

SHADDAI EL SHAI ARARITA

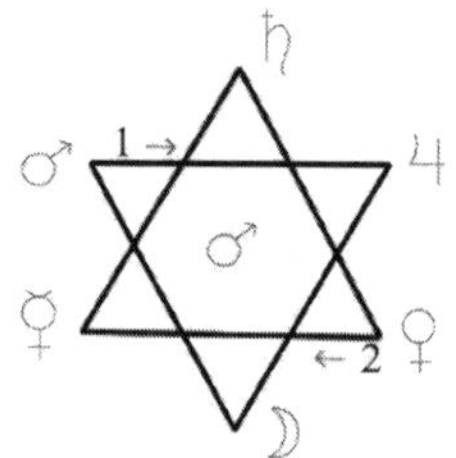

ELOHIM GIBOR ARARITA

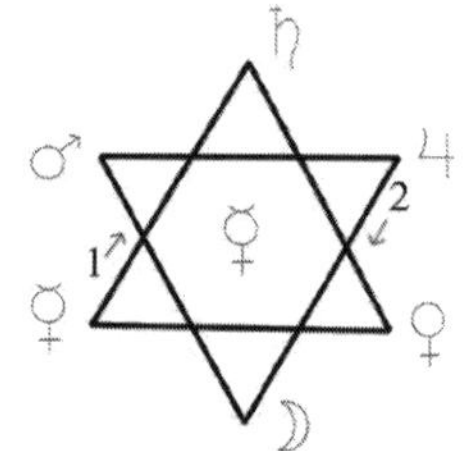

ELOHIM TZABAOTH ARARITA

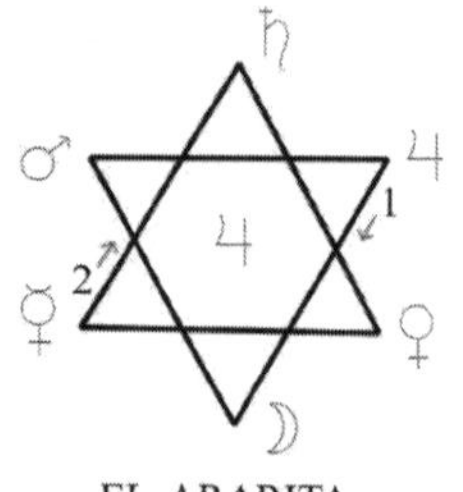

EL ARARITA

Bannend

SHADDAI EL SHAI ARARITA

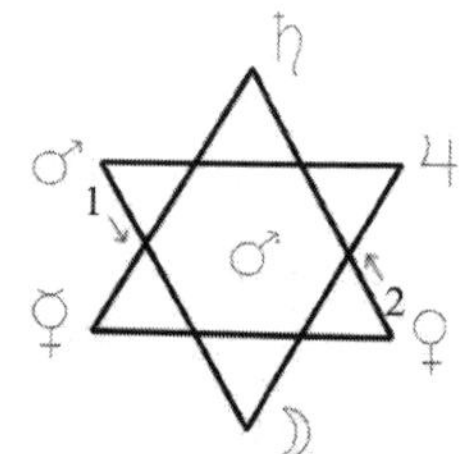

ELOHIM GIBOR ARARITA

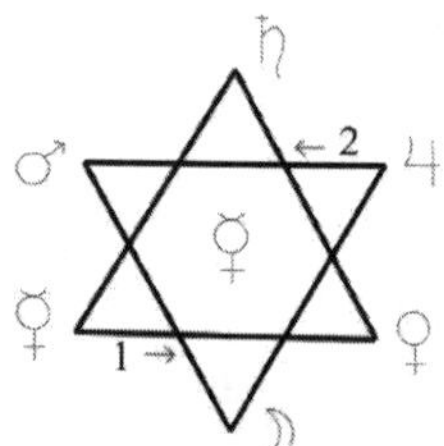

ELOHIM TZABAOTH ARARITA

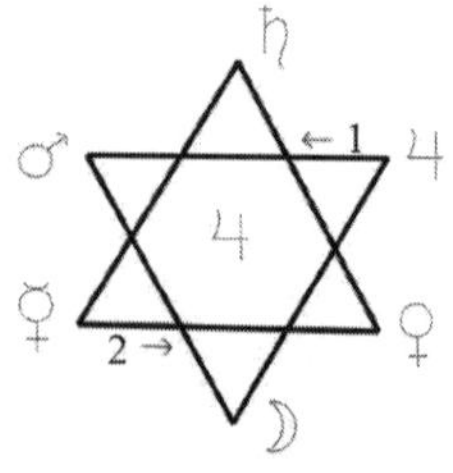

EL ARARITA

Anrufend	**Bannend**
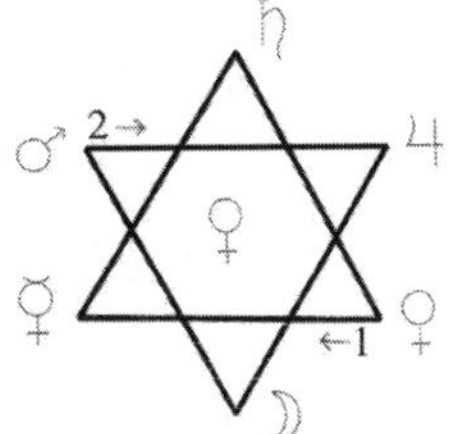 YOD-HEH-VAU-HEH TZABAOTH ARARITA	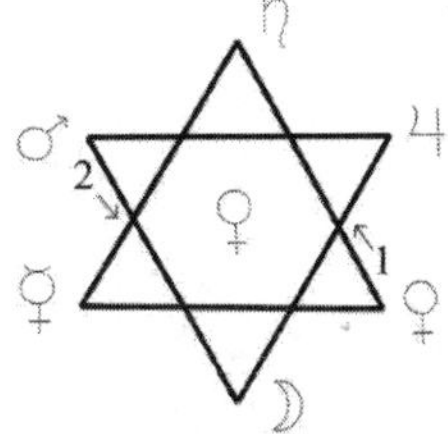 YOD-HEH-VAU-HEH TZABAOTH ARARITA
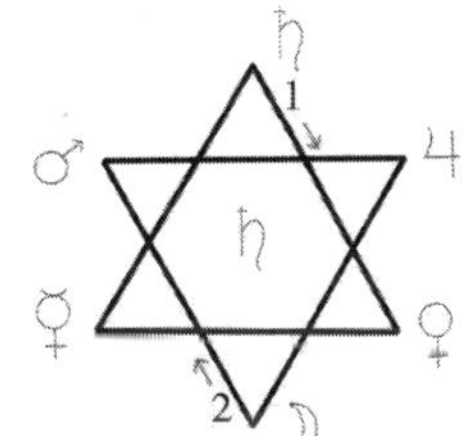 YOD-HEH-VAU-HEH ELOHIM ARARITA	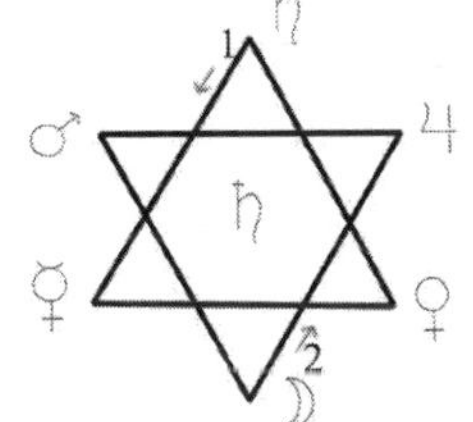 YOD-HEH-VAU-HEH ELOHIM ARARITA
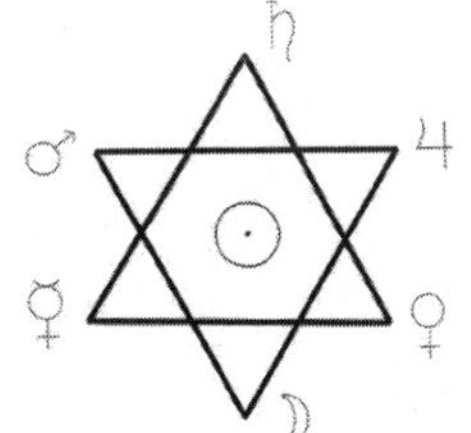 YOD-HE-VAU-HEH ELOA VA-DAATH ARARITA	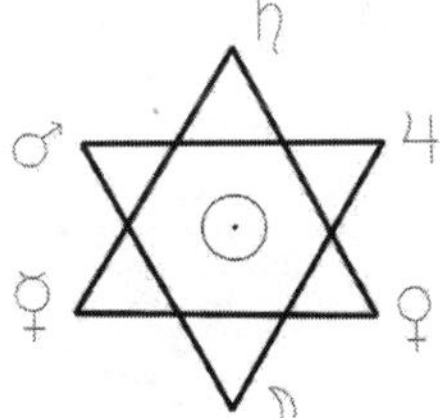 YOD-HE-VA-HEH ELOA VA-DAATH ARARITA

Das Sonnenhexagramm wird aus allen anderen Hexagrammen der sechs Planeten zusammen erschaffen. Dazu werden die jeweiligen Planetenhexagramme mit dem Sonnensymbol in ihrer Mitte und dem Intonieren der Sonnenformel gezogen/geschlagen. Die Reihenfolge ist traditionell vorgegeben

- Saturn
- Jupiter
- Mars
- Venus
- Merkur
- Mondin

Die Vorgehensweise ist also wie folgt: Ziehen des Saturn-Hexagramms und während dessen Intonation der Sonnenformel. Folgend wird das Symbol des Sonn in das Hexagramm hineingezogen und die Formel Ararita intoniert. Dann ebenso mit dem Hexagramm des Jupiter, des Mars, der Venus, des Merkurs und der Mondin verfahren.

VIII. Sigillenmagie

Entwickelt wurde diese sehr einfache Methode der Ausübung von Magie durch einen Magier, der zur gleichen Zeit wie Aleister Crowley lebte, sich aber im Gegensatz zu diesem im Hintergrund hielt. Er lebte von 1886-1956 in London.
Als junger Mann studierte er beim „Royal College of Art" und wurde als vielversprechender Künstler gefeiert. Er allerdings zog sich nach einiger Zeit angewidert vom Kommerzbetrieb der Kunstszene von dieser zurück und stellte fortan seine Werke nur noch in Pubs aus. Er lebte bis zu seinem Tod in einem Londoner Slum. Sein Name ist Austin Osman Spare.

Bücher

The Book of Pleasure (Self-Love).
The Psychology of Ecstacy (London 1913).
Gesammelte Werke.
Der Zos-Kia-Kult.

Ich beziehe mich zum Teil auf die Interpretation von Ralph Tegtmeier/Frater V. D. zur Sigillenmagie von Spare; habe diese aber verändert und mit anderen Beispielen versehen.

Sigillen sind aber in einer anderen Form eine sehr alte Tradition (z. B. Sigill eines Dämons, Planetensigillen etc.).
Teilweise wurden diese errechnet/erstellt durch traditionelle Systeme (Numerologie, Kabbala, Astrologie), teilweise durch den Kontakt zu diesen Kräften „empfangen" (gechannelt). Wir interessieren uns hier aber ausschließlich für die Methode des eigenständigen Erstellens von Sigillen für bestimmte Zwecke.

Die Sigillenmagie zählt zu den wirkungsvollsten und ökonomischsten magischen Disziplinen. Sie wirkt so gut, weil wir unserem Unterbewusstsein mit ihrer Hilfe eine klare Information zu einem zu erreichenden Ziel geben und die dafür nötige Energie bereitstellen – denn ohne Energie funktioniert ja bekanntlich nichts. Sie ist sehr gut auch von AnfängerInnen praktizierbar, erfordert geringen zeitlichen Aufwand, benötigt kein Zubehör (außer Stift und Zettel) und kommt allgemein ohne Rituale aus (Ausnahme: Erschaffen einer Wesenheit). Außerdem kennt sie keine dogmatischen Vorgaben und ist schnell und einfach zu erlernen.

Die einzige Schwierigkeit, die allerdings auch bei anderen magischen Methoden existiert, ist das Vergessen der Aktion.

Drei Methoden:
Wortmethode.
Bildmethode.
Mantra-Methode.

Sigillen sollten mit Sorgfalt und äußerster Konzentration konstruiert werden; müssen aber nicht unbedingt schön sein (kann eingefasst, verziert, verschnörkelt … werden) – „hässliche" Sigillen rufen eventuell eher das Archaische, das die Magie wirkt, in uns wach.
Satzteile können einzeln sigillisiert und später zusammengefasst oder aus dem ganzen Satz gebildet werden. Der Willenssatz beginnt wahlweise mit:

Es ist mein Wille.
Dies mein Wille.
Ich will.

und nicht

Ich hätte gern.
Ich wünsche mir, etc.

Außerdem sollte der Willenssatz konkret und ohne Zweideutigkeiten (wenn, dann …) verfasst sein; allerdings auch nicht zu konkret (z. B. Ich will am 17.07.1997 um 14:30 Uhr Asterix auf dem 1. Programm sehen).
Ebenso sollte auf genaue Formulierung geachtet werden, denn die Magie sucht sich immer den einfachsten Weg (will ich z. B. abnehmen, wäre „ich will 10 Pfund Gewicht verlieren" zu unbestimmt – ein Bein könnte nämlich dieses Gewicht haben).

Sigillen können auf Vorrat angefertigt werden (dadurch kann der Inhalt besser vergessen werden) und erst später geladen werden.

Zur Vorgehensweise gehört auch, dass ein Duplikat jeder Sigill angefertigt wird (ist eine Sigill wirksam, kann ich sie bei Bedarf erneut nutzen). Dafür malen wir sie auf einen kleinen Zettel (mit Willenssatz, Sinn und Zweck) falten diesen zusammen und kleben ihn in das Magische Tagebuch. Außen wird das Erstellungsdatum, das Ladungsdatum und das Datum, bis zu dem die Sigill Wirkung gezeigt haben soll, vermerkt. An diesem Datum kontrollieren wir, ob die Sigill gewirkt hat. „Detonationszeit" einer Sigill: sofort - ½ Jahr.

WICHTIG: Eine Sigille kann auf zwei Arten im Unterbewusstsein verankert werden:

1. durch spasmische Ladung und folgende Vernichtung;
2. durch ständiges (irgendwann) un(ter)bewusstes Sehen, z. B. Gravur, Wandmalerei.

Es sollte möglichst ohne Zeitangaben (z. B. in 3 Wochen) gearbeitet werden; Datumsangaben können verwendet werden (das Un(ter)bewusste kennt keine Zeitfristen, aber Daten).
Ebenso wichtig ist eine positive Formulierung des Gewünschten. Wie bei allen anderen magischen Methoden sollte die Konstruktion geheim gehalten werden (s. Maximen der Magie).

Die psychische Konstitution sollte – wie bei allen magischen Disziplinen – stabil sein; die Sigillenmagie ist zwar weitaus ungefährlicher als das Erschaffen von Wesenheiten, stellt aber doch eine Manipulation der eigenen Psyche dar. In Beachtung dessen sollten immer etwaige Folgen der Magie bedacht werden, damit der Effekt eintritt, den wir wollen und nicht einer, mit dem wir nicht „klarkommen".
Die im Anschluss erklärte sexualmagische Ladung sollte nicht bei Schadenszauber verwendet werden. Hier empfehle ich die Todesstellung.

a) Ladung

Gilt in vollem Umfang für die Wort- und die Bildmethode; eingeschränkt auch für die Mantra-Methode (Wort der Kraft).

Arten (folgend beschrieben):
Sexualmagisch.
(Orgasmus allein oder zu zweit).
Todesstellung/-haltung.
(Todesangstmomente).
(Rausch).
(Hunger, Angst, Hass, Verzückung – extremer Art).
(Volltrance).

Mantra-Methode: ebenso, wie oben beschrieben (Wort der Kraft); Mantra (be-)nutzen.

Durch jede dieser Arten wird der Zensor „weich" und ermöglicht so den direkten Kontakt von Be- und Unterbewusstsein.

Sexualmagische Ladung

Masturbieren (oder Sex zu zweit) und im Augenblick des Orgasmus Sigill „in das 3. Auge ziehen"; dann bannen (hysterisches Lachen) und vernichten (z. B. verbrennen).

Beim Onanieren möglichst nicht an die Sigill und deren Inhalt denken, aber auch nicht zu stark auf Phantasien konzentrieren (möglichst rein mechanisch). Sofort danach durch hysterisches Lachen bannen und dann an etwas anderes, Profanes denken bzw. Fernseher an, Comic lesen etc. und die Sigill vergessen.

Todesstellung/-haltung

Beispiele:

a) Luft anhalten (gut, weil Panik), bis es nicht mehr geht und bis es wirklich nicht mehr geht; dann, bis es überhaupt nicht mehr geht und kurz vor der Ohnmacht die Sigill in das 3. Auge ziehen (anstarren) – zusammen mit dem Aus- und Einatmen --- Bannen, Vernichten, Profanes.

b) Unbequem (Arme hinter dem Rücken verdrehen, eventuell auf Zehenspitzen stellen, alle Muskeln anspannen) gegenüber eines Spiegels stehen; Sigill auf diesen malen (wasserlösliche Farbe, Lippenstift, ...); eventuell wie bei a die Luft anhalten und dem Spiegelbild in die Augen starren (3. Auge – Nasenwurzel). Die Sigill in dem Moment des Umfallens oder bei schier unerträglichen Schmerzen oder wegen Atemnot in das 3. Auge ziehen --- Bannen, Vernichten, Profanes.

c) Sigill auf einen Tisch oder den Boden legen und zwar in ein von den Händen gebildetes, aufrechtes Dreieck oder Viereck, in dem die Sigill platziert wird und sie anstarren. Dann die Muskeln in den Füßen, Unterschenkeln, Oberschenkeln, Armen, Händen, Rumpf, Kopf(haut) kurz nacheinander und dann zusammenzucken (an- und entspannen) lassen; auf dem Höhepunkt des kurzen Spasmus des gesamten Körpers die Sigill in das 3. Auge ziehen.
Mit Erfahrung soll diese Übung lediglich eine halbe Sekunde beanspruchen – mir scheint der Erfolg bzw. die Möglichkeit einer solchen Sigillenladung als äußerst fraglich. --- Bannen, Vernichten, Profanes.

Eine andere Art des Ladens/Bannens ist das ständige Wahrnehmen einer Sigill. Nach einiger Zeit sehen wir sie nicht mehr bewusst, so dass wir auf diese Art „am Zensor vorbeikommen" und zum Un(ter)bewussten vordringen können. Dafür können wir sie z. B. auf einen Ring gravieren oder sie an die Wand hängen; wir sollten sie sehr häufig sehen können.

Sollte zu irgendeinem späteren Zeitpunkt die Sigill oder der Willenssatz noch einmal in das Gedächtnis kommen, (erneut laden) dann durch Lachen bannen. Ausnahme: Mantra – wird beständig benutzt.

b) Wort-Methode

Formulierung des Willenssatzes in Blockbuchstaben.
Doppelte Buchstaben herausstreichen.
Aus den übrig gebliebenen Buchstaben die Sigill konstruieren (und abstrahieren).
Sigill (fixieren und) laden.
Sigill bannen und vernichten (anbringen, gravieren).
Sigill vernichten.

Beispiel:

ES IST MEIN WILLE, MICH JEDERZEIT AN GELERNTES ERINNERN ZU KÖNNEN!

ES I~~S~~T M~~EI~~N W~~I~~L~~LE~~, M~~I~~CH ~~JEDE~~RZ~~EIT~~ A~~N~~ G~~ELERNTES~~ ~~ERINNERN~~ ~~Z~~U K~~OENNEN~~!

Übrig:

E S I T M N W L C H J D R Z A G U K O!

I ist in T enthalten; ebenso das L.

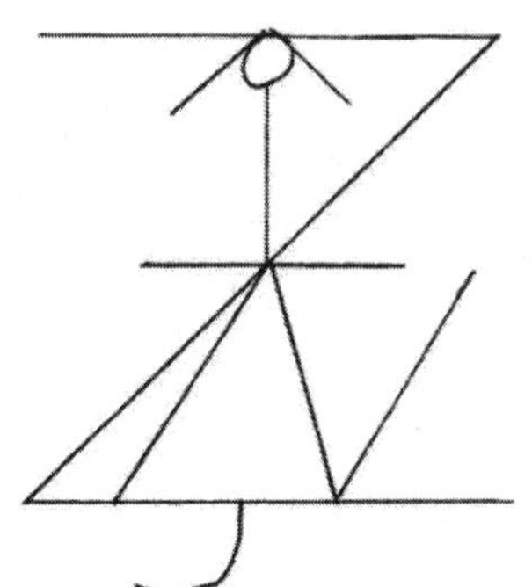

W = M = N.

O = C. (s. Abb. rechts)

Abstrahieren (vereinfachen) – hier eigentlich nicht nötig:

Der Sinn des Abstrahierens liegt darin, dass wir oder auch andere später nicht erkennen können, woraus dieses Zeichen entstanden ist.

c) Bild-Methode

Kein Willenssatz, sondern direktes Zeichnen des gewünschten Zustandes/des gewünschten Ergebnisses.

Beispiel: Heilung (von z. B. Kopfschmerzen). Die Sigill wird z. B. durch die Initialen der zu heilenden Person personalisiert
(`= X im Beispiel).

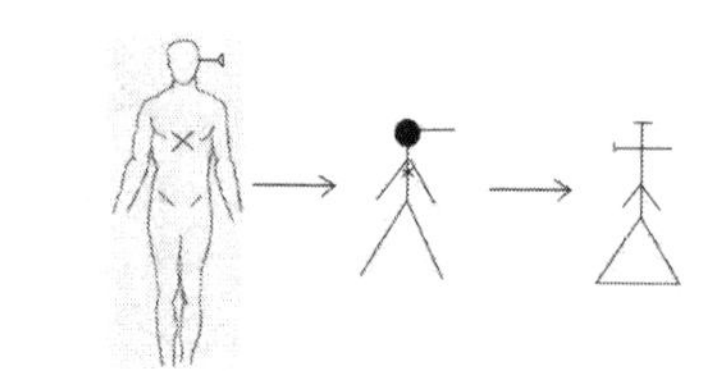

Akupunkturnadel,
oder Edelstein,
oder Hand.

Beispiel: Bindungszauber.

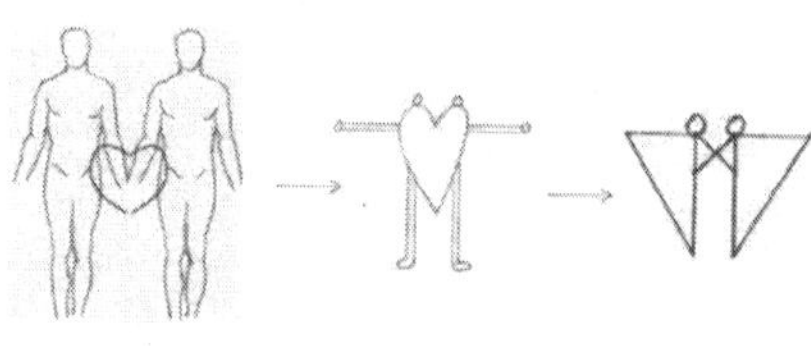

Andere Möglichkeit: Arbeiten mit magischen Zeichen (Planetensymbole, Volkssymbole, Runen, alchemistische Symbole etc.) oder auch die Kombination beider Möglichkeiten.

Wir können bunt durch die Symbolsysteme "würfeln" und alles kombinieren, was als richtig, stimmig, angenehm anmutet. Ladung, Bannung usw. wie bei Wortmethode.

Beispiel: Beziehungszauber (mit Symboliken) für Fritz und Anna.

Venus ♀

Mondin ☽

Wasser ▽

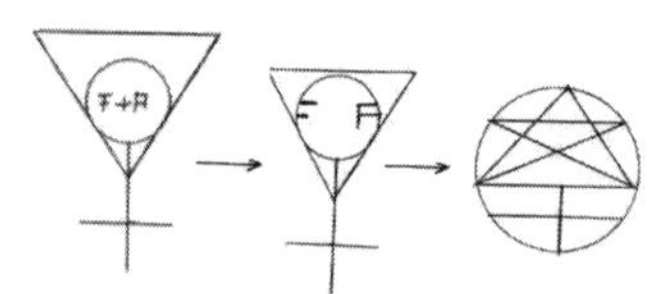

Beispiel: Hemmen/Behindern einer Person (Karl) durch Symbole.

Saturn ♄

Isa |.

Erde 🜃

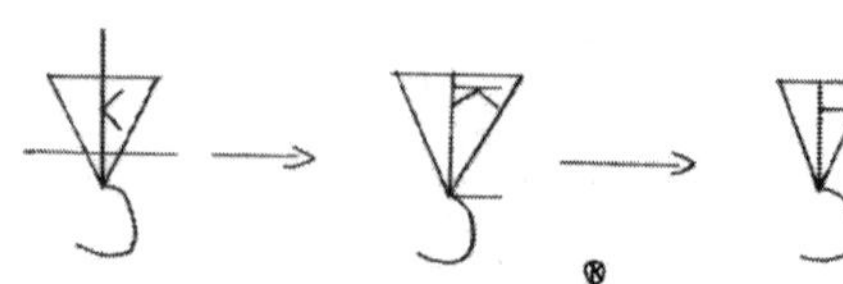

Beispiel: Kombination von Zeichnungs- und Symbolsystem.

Abstrahieren.

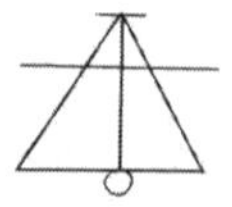

d) Mantram-Methode

Willenssatz verfassen – z. B. Ich will gesund bleiben!

Quasi-phonetisch verfremden – Ich Ill Gsund Bleibn!

Doppelte Buchstaben streichen.

ICH ~~I~~L~~L~~ GSUND B~~L~~E~~IB~~~~N~~!

Übrig: ICHLGSUNDBE!

Übrige Buchstaben umstellen, eventuell Vokale einsetzen.

BESUNDEGLICH - - - Wort der Kraft.

Rhythmisch, monoton sprechen (durch das Einlullen des Zensors dringt der Wille/Befehl zum Unterbewussten).
Nach Nutzung bannen und vergessen und ablenken (später eventuell erneute Nutzung) oder wie bei der Wortmethode spasmisch laden (aber eher nicht zu empfehlen).

Andere Methode: Längeres Mantra.

ICH WILL IMMER GESUND BLEIBEN!

ICH~~I~~L~~L~~ ~~I~~M~~M~~E GSUND BEI~~B~~N!

ICHL IME GSUND BEIN!

Umstellen, eventuell Vokale einsetzen.

LICH MEI DSUNG BIEN.

Vorgehen, wie bei dem Wort der Kraft; keine spasmische Ladung.

IX. Das Wirken eines Zaubers

Nun zu einem „Abfallprodukt" des magischen Weges. Das Ziel jeder Magie sollte die Auflösung der (persönlichen) Grenzen – die Illumination (Erleuchtung, Verstellen der Lichter, Samadhi) sein. Die anderen magischen Disziplinen (Divination, Invokation, Evokation, Verzauberung) dienen ursprünglich nur dem Ziel des Erreichens der Meisterschaft in der 5. „Disziplin".
Nichtsdestotrotz kann der/die Magier/in sich auch ruhig mal einige „Annehmlichkeiten" schaffen. ;-).

Die am häufigsten verwendeten Zauber sind Akte der Sympathiemagie; dieses hat nichts mit diesem sogenannten Gefühl zu tun, als vielmehr damit, dass ein materieller Gegenstand „verkörpert" (z. B. zu einer Person) wird. Dies kann jede materielle Basis sein; folgend erkläre ich die gängigsten Arten der Zauberei – nicht nur sympathiemagische. Es sollen Inspirationen für Euch sein, um zur rechten Zeit Eure Magie aus Eurem Inneren zu entwickeln; einiges wird nach Lektüre dieses Buches durchführbar sein (z. B. Sigillenmagie, Planetenmagie) – für anderes werdet ihr noch weitere Informationen benötigen; denn alle Arten der Verzauberung darzustellen, würde den Rahmen dieses Buches sprengen. Vielleicht aber wird ein nächstes Buch sich ausschließlich dem Wirken eines Zaubers widmen.

Alle beschriebenen Arten von Zauberei sollten grundsätzlich nur in einem gesicherten, magischen Kreis, der durch ein entsprechendes Bannungsritual gebildet wurde, stattfinden. Ohne diesen Schutzkreis bestünde, wie bereits beschrieben, die Gefahr von magischen/energetischen Angriffen von Wesenheiten. Weiterhin ist der Kreis sozusagen ein Energiebewahrer; d.h. die gewünschte Energie bleibt zur Zielverwirklichung im Kreis zu meiner Verfügung und kann sich nicht „verflüchtigen".

Vorab: Im Falle einer längeren Lagerung der verwendeten, geladenen Materie (z. B. Sigill) bis zur Nutzung, diese in schwarze Seide hüllen – das hält die Energie dort, wo sie ist, sein und bleiben soll.

Arten von Zaubern:
- Sigillenmagie.
- Kerzenmagie.
- Puppenmagie/Bildzauber.
- Knoten- oder Kordelmagie.
- Symbolzauber.
- Spruchzauber.

– Feinstoffliche oder Mentalmagie/Energieübertragung.
– Naturmagie (Tiere, Pflanzen, Steine, Erde, ...).
– Kräutermagie.
– Runenmagie.
– Evokation und Verzauberung.
– Invokation und Verzauberung.
– Gebet/Anrufung.
– Küchenmagie (Phantasie).

Arten von Ladungen und Entladungen:

– Eigenenergie.
– Planeten- bzw. Göttinnen-/Götterkraft in- oder evozieren.
– Sexualmagie/-energie.
– Todesstellung/-haltung.
– Einpflanzen eines Symbols ins Unterbewusste und ständige, bald unbewusste, Wahrnehmung (siehe Sigillenmagie).
– Gefühlsbewegungen („extremer" Art).
– Kraftkegel durch:
  1. Mantra
  2. Gesang
  3. Tanz oder Kombination dieser
– Kristall-/Steinladung
– Kräuter-/Pflanzenladung
– Symbolladung (z. B. Runen)
– Verwendung von Ölen
– Feuer, Wasser, Luft und Erde.

Spruchzauber:

Wird selten eingesetzt (aber auch möglich z. B. „besprechen" oder auch verwünschen); meist in Kombination mit Puppen-, Kerzen-, Kordelzauber.

Vorgehensweise: Reim oder Mantra (Sigillenmagie) sprechen; dabei das Kehlkopfchakra aktivieren – häufig wiederholen (z. B. 108-mal).

Ansonsten:

1. Puppen „besprechen" (zusätzlich zu anderem Zauber).
2. Kerzen „besprechen" (zusätzlich zu anderem Zauber).
3. Kordelzauber (fast unabdingbar; selten ohne Spruch); z. B.
   Ich rufe Erde, den Zauber zu binden
   Durch Luft sein Ziel soll er schnell finden
   Feuer soll ihm Leben schenken
   Wasser ihn mit Liebe tränken.

Reime machen sich also sehr gut!

Symbolzauber:
Kaum von irgendeinem Zauber/einer Magie zu trennen, da wir uns in der Welt des kollektiven Unter-/Bewusstseins befinden, beinhaltet (so gut wie) jeder magische Akt Symbolik bzw. verwendet sie bzw. ist sie. Beispiele für einen einfachen Symbolzauber: Eine Krankheit wird z. B. auf ein Blatt Papier (oder Pergament ...) geschrieben und rituell verbrannt ... Ärger in einen Stein (Art je nach Intuition) schicken (z. B. über Ajna-Charka oder die Hände) und ihn z. B. in einen Fluss werfen.

Puppenzauber:
Puppe/n (aus z. B. Knete, Wachs, Fimo, Stoff, Holz, ...) herstellen/formen und Bild (Kopf), sowie andere persönlichen Materialien (Blut, Haare, Nägel, Haut, Sperma, Scheidenflüssigkeit, Faden aus Kleidung,..) rituell in die Puppen einarbeiten und taufen. Alles, was mit der/den Puppe/n geschieht, geschieht mit dem oder den Menschen. Konzentration auf die magische Entsprechung richten.

Knotenzauber:
Empfohlene Aktivierung – bei Öffnen des Knotens.

1. Knoten legen und auf dem Höhepunkt des Rituals (= der Konzentration = der Energie) kurz und fest auf das gewünschte Ergebnis konzentrieren und den oder die Knoten festzurren.
2. Kreistanz (mit mehreren) mit verknüpften Kordeln, die ebenfalls auf dem Höhepunkt des Rituals (z. B. beim Hinfallen) festgezurrt werden.
3. Knoten legen und mit Spruchzauber jeweils festzurren.

Beispiele:

Der Knoten eins - ich lad es ein.
Der Knoten zwei - so komm herbei.
Der Knoten drei - dass es so sei.
Der Knoten vier - komm her zu mir.
Der Knoten fünf - was ich mir wünsch.
Der Knoten sechs - herbei ich's hex.
Der Knoten sieben - ich wird es kriegen.
Der Knoten acht - es ist vollbracht.
Der Knoten neun - nun ist es mein.

Kerzenzauber:
Siehe „Tabelle der Entsprechungen“ – z. B. Mars = rot; Kerzen der Farbe, die dem Ziel entsprechen, auswählen und mit Öl (durch Bestreichen von der Mitte

nach oben und unten) weihen; eventuell Namen einritzen und Materialien einarbeiten – bei und in der Art des Bedarfs abbrennen.

Naturmagie:
Ein zu großer Bereich, um ihn erschöpfend darzustellen; hier zwei Möglichkeiten.

- Material (z. B. Alraune) mit Informationen versehen und auf ein Foto legen.
- Materialien zusammenführen und es Lebewesen zum Verzehr überreichen.

Gebet/Anrufung:
Sollte aus tiefstem Herzen nach Reflektion der Motivation individuell gesprochen werden; z. B. Oh, unser allgöttliche Mutter hilf mir, meinen Weg zu finden und meine Aufgabe zu vollbringen.

Feinstoffliche Beeinflussung:
Das Feld der feinstofflichen Beeinflussung erfordert sehr langes Training. Die Methoden hier kurz verständlich zu machen, ist nicht möglich. Für Fragen stehe ich gerne zur Verfügung.[1]

---

[1] Empfehlenswerte Lektüre zu diesem Thema ist Franz Bardons „Der Weg zum wahren Adepten“, Bauer-Verlag.

X. Magische Unfälle – und dann?

Allgemeines

Es sollten nur bekannte Symbole bei magischen Arbeiten verwendet werden.
Kräfte sollten nie aus Spaß gerufen werden – auch ein Freund wäre eventuell schon ungehalten, wenn wir ihn ohne Grund zu uns rufen; da die Energien/Wesenheiten uns nicht so nahestehen wie Freunde, könnte deren Reaktion noch heftiger sein.
Früher waren Beschwörungen von Wesenheiten mit Zwang verbunden (Gut/Böse-Trennung war stärker); heute arbeiten wir eher kooperativ mit Entitäten (sonst droht eine stärkere Gefahr des Betruges/der Angriffe dieser Wesenheiten); es sollte aber trotzdem klargestellt werden, wer "Herr/in" und wer Diener/in ist.
Keine Angst vor eventuell grauenhaftem Aussehen (Angst = Kontraktion der Chakren = Kraftverlust); eventuell bitten, die Gestalt zu wechseln.
Folgend einige grundlegende Dinge zur Beachtung bei magischen Problemen.

Gegen Angst (Angst macht angreifbar, da es die Aura schwächt)

- Lachen.
- (ruhige) Bauchatmung.
- Größer als das, wovor ich Angst habe, imaginieren.
- Mantra-Meditation.
- Om Mani Padme Hum.
- Gottesnamen.
- Persönliche Schutz-Mantren.
- Vorgehensweise und Vorkommnisse nach/bei einem Unfall/Angriff im MTb vermerken.

Kontrollmöglichkeiten bei Verdacht

- Orakel (Karten, Pendel, Wünschelrute, …).
- Beobachtung (Standort von Gegenständen).
- Channelkontakt abfragen.
- Astrale Besichtigung.
- „Neutrale" Person.
- Eindeutigkeit.

Nach Unfällen/Angriffen

- Einsamkeit meiden, nicht alleine sein (eventuell Person im Nebenraum).
- Keine Drogen oder Schlafmittel nehmen.
- Körperteile, die kalt sind, wärmen.
- Viel in den Sonn gehen.
- Sport treiben/Körper stärken.
- Alltagsbewusstsein stärken (weltliche Dinge tun).
- Ärztin/Arzt aufsuchen (Vitamine, Aufbaupräparate).
- Aura-/Chakrenmeditation, um diese zu stärken.
- Andere um Hilfe bitten.

Vorbeugung/Allgemeine Schutzmaßnahmen

Immer Wasser im Tempel haben.
- Reinigende Räucherungen (Weihrauch, Wacholder-, Sandelholz, ...) parat haben.
- Sauberhalten der Räumlichkeiten.
  Regelmäßiges Reinigen und Stärken der Aura (z. B. KbPR).
- Anrufung und Bannung gleich stark (bei Ritualcn).

Schutzsymbole tragen/zur Verfügung haben:
- Ankh-Anhänger.
- Edelsteine (Tigerauge, Granat, Bernstein).
- Geladene Amulette oder Talismane.
- Pentagramme/Glyphen/Sprengglyphen.
- Hexagramm.
- Schutzrituale beherrschen (KbPR, Gnostische Bannung, ...).
- Sprengglyphen (laden und in schwarzer Seide halten; nach Gebrauch vernichten oder imaginieren können).

Bei magischen Angriffen:
- Aura schützen/stärken (z. B. KbPR).
- Magische Tretminen.
- (Gegenangriff).
- Evokationsritual(e) beherrschen.
- Tore (z. B. Spiegel oder Bilder) verhängen oder vernichten.
- Andere um Hilfe bitten.

Verzeichnis der möglichen Geschehnisse

Invokation

Übersteigerte Invokation; andauernde Besessenheit (enorme Körperstärke, abnormes Verhalten, reden in anderer Sprache, zappeln + zucken, erbrechen eventuell merkwürdiger Dinge, Verrenkungen).

Was tun?

- Energie herausziehen.
- Person mit Namen ansprechen, weltliche Dinge fragen, Essen gehen, ...
- Bannende Symbole (z. B. Pentagramm) auf die Person ziehen.
- Wasser in das Gesicht schütten/kalt duschen.
- Geweihtes Wasser zu trinken geben.
- Sakrament laden lassen (oder Amulett, ...).
- Person weich einpacken und gefährliche Gegenstände wegräumen (Messer, Tücher, ...) und in Ruhe lassen.

Incubi, Succubi (Sexualdämonen)

Probleme mit diesen Wesenheiten können entweder durch eigene Erschaffung (bewusst: durch ein Ritual; unbewusst: häufiges, zielloses Onanieren oder Sehnsucht – gekoppelt mit Sexualität – mit einer/m bestimmten PartnerIn) oder durch das Anziehen bereits bestehender hervorgerufen werden.

Was tun?

- Beenden der Phantasie; sollte dies nicht ausreichen, ein Bannungsritual wählen.

Evokationsritual

Reinigende Rituale (z. B. KbPR).
Bannende Räucherungen.
Kalte Winde und Luftzüge (bei geschlossenem Fenster und Türen, z. B. aus Spiegeln, Bildern, Gegenständen).

Was tun?

Kann als Erfolg betrachtet werden (beginnende Materialisation einer Wesenheit oder Gottheit).

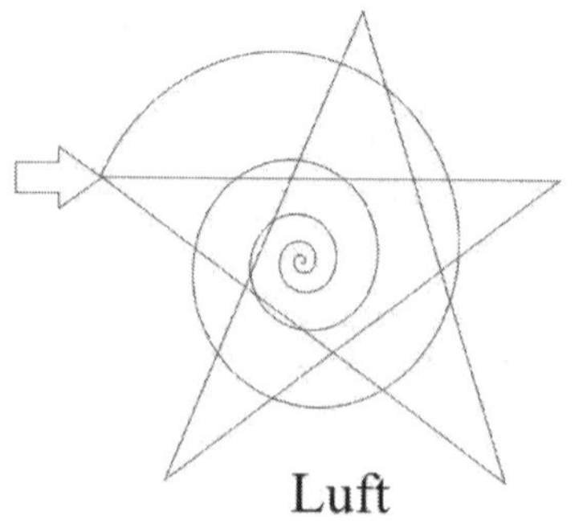

- KbPR und Glyphen (Luft).
- Umfallende/bewegte Gegenstände (Bilder, Ritualgegenstände, schwere Sachen, ...).

Was tun?
Frage stellen: Wie wirken die Geschehnisse - belehrend oder bedrohlich?
- KbPR oder Glyphen (Erde).
- Evokationsritual (Wesenheit schon stark).

Feuer (plötzlich ausbrechend oder extrem stark) – Was tun?

- Feuerlöscher/Wasser.
- KbPR und Glyphen (Feuer).

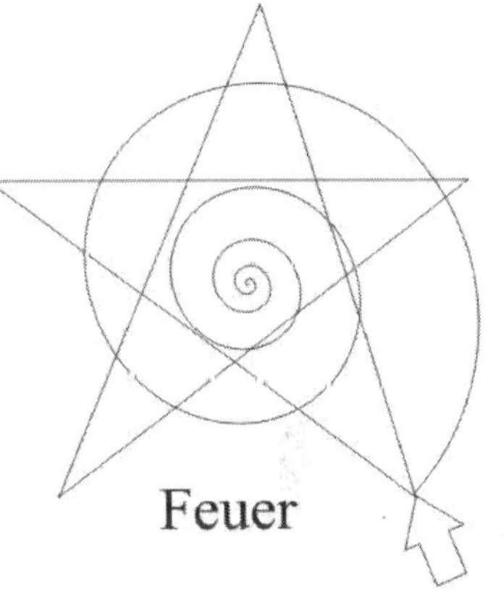

Ärger mit Wasser (Rohrbrüche, überlaufendes WC, feuchte Stellen) – Was tun?

- KbPR und Glyphen (Wasser).
- Handwerker.

Die letzten 4 beschriebenen Vorkommnisse können jeweils von Elementalen verursacht werden. Der erste Schritt besteht in so einem Fall darin, die Wesenheit/en zu bitten, dass sie gehen. Denn es muss sich dabei nicht um Angriffe handeln; sondern es könnte sich um den Versuch einer Kontaktaufnahme handeln (Wesenheiten können nicht absehen, was ihre Aktionen in unserer Welt verursachen).

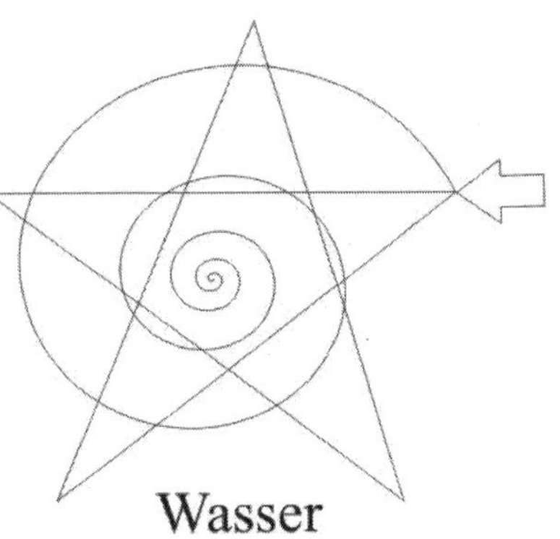

Angst (z. B. während eines Rituals) – Was tun?

- Eventuell abbrechen.
- Größer als das imaginieren, wovor ich Angst habe.

– Kontrollierte Atmung.
– Andere Person um Beistand bitten.
– (mit Abstand hinterfragen und verändern).

Schwäche/Hohes Schlafbedürfnis – Was tun?

– Aura stärken/schützen.
– Gut (qualitativ) essen, eventuell Vitaminpräparate.
– Leichtes Sporttraining.
– Bett überprüfen (Standort und Energie).
– Nach Energievampiren umsehen.

Scherben, zerbrochene Dinge, Streitsucht – Was tun?

– KbPR.
– Zentrierung in der eigenen Mitte (Meditation).

Geheule und Gesang von Geistern – Was tun?

– Evokationsritual.
– Bannung und Reinigung.

Auftauchendes Ungeziefer/exotische Tiere (große Mengen einer bestimmten Art „tauchen auf"; gehäufte Begegnungen mit bestimmten Tieren; Auftreten „unüblicher" Tiere) – Was tun?

– Erfolg (z. B. eines Rituals).
– Beseitigen, reinigen, bannen.

Abhandengekommener/geklauter Talisman/Amulett – Was tun?

– Imaginativ entladen (gleiches Ritual wie bei der Ladung) und dies schnell; denn dies ist eine der größten Gefahren in der Magie (falls Feinde vorhanden).
– Talisman/Amulett = meine Lebenskraft + einer der stärksten Bezüge zur Person.

Astralkörperlösung (kurze Atemlähmung, Starre, Dröhnen im Kopf) – Was tun?

- Ruhig bleiben und die Lösung probieren und praktizieren.
- Oder, falls unerwünscht, auf den Körper konzentrieren und wieder "hinein schlüpfen".

Krankheit (merkwürdige, schwächende) – Was tun?

- Ärztin-/Arztbesuch.
- Körper stärken.
- Schutzrituale.

Unfälle, Beinah-Unfälle (Angriff oder Kontaktversuch) – Was tun?

- Besondere Vorsicht.
- Autofahrten und das Arbeiten mit Maschinen vermeiden.
- Evokationsritual.
- Schützende Rituale, Tretminen und eventuell Gegenangriff (bei magischem Angriff einer anderen Person).

Poltern bei Nacht (Geräusche mit ungewohnter Intensität) – Was tun?

- KbPR und Räucherung.
- Evokationsritual.

Probleme einzuschlafen (Angst, Geräusche, Berührungen) – Was tun?

- Licht anlassen.
- Triviales/Schafe zählen.
- Schutzkreis imaginieren oder mit Salz ziehen.

Gefährliche/schreckliche Träume – Was tun?

- Eventuell Warnung, dann beachten; ansonsten.
- KbPR.
- Sigillenmagie (für schöne Träume bzw. Schutz).

(Schwur-)Hand-Krampf (z. B. nach speziellen Atemübungen – hat der Körper zu viel Sauerstoff; hyperventiliert) – Was tun?

- Ruhige Bauchatmung.
- In eine Tüte atmen (hört dann nach 5-10 Minuten wieder auf).
- Ruhe bewahren.

Spuk (bis hin zu materiellen Phänomenen) – Was tun?

Meist verursacht durch stark emotional geladene Ereignisse, die Energie im Äther hinterlassen, wie Vergewaltigung/Kindesmissbrauch, große Angst, extreme Schmerzen (plötzlicher, unerwarteter) Tod.

- Evokationsritual (um der Wesenheit zu helfen, dass sie in das Licht gehen kann).
- Evokationsritual, Energie filtern und eventuell absorbieren.
- Reinigen und bannen.

Weitere Bücher aus dem Bohmeier Verlag:

Liebes- und Krankheitsamulette - Talisman Turc
Ursprung und Wesen Magischer Quadrate

von Dr. Ferdinand Maack

ISBN 978-3-89094-612-2, 104 Seiten, Softcover, Format DIN-A5

Magische Quadrate und aus ihnen extrahierte Symbole kommen sehr oft auf Talismanen und Amuletten vor. Aber erst durch ihre Dechiffrierung gewinnen wir einen tieferen Einblick in die alte Wissenschaft der Talismanologie.
Ferdinand Maack erklärt die Ursprünge und die geschichtlichen Hintergründe, stellt unterschiedliche Quadrate dar und erläutert (dechiffriert) diese: So zum Beispiel das "Hexen-Einmaleins" aus dem Faust von Goethe, für das er verblüffende Erklärungen bereithält, oder für die "Sator-Formel". Durch seine Analyse werden Erkenntnisse vermittelt, die sonst nicht auf den ersten Blick zu erkennen aber wichtig für die eigene Entwicklung von Magischen Quadraten sind.
In diesem Buch finden Sie die tiefgründigen Möglichkeiten zur Erforschung der Talismane und Amulette.

Die Elemente der Kabbalah
1.Teil: Theoretische Kabbalah; 2. Teil: Praktische Kabbalah

von Dr. Erich Bischoff

ISBN 978-3-89094-589-7, 232 Seiten, Softcover, Format DIN-A5

Die Kabbala (auch 'Kabbalah') überliefert die jüdische Geheimlehre und Mystik und die geheime Zahlen- und Buchstabensymbolik die jahrtausendelang nur mündlich überliefert wurde. Dabei geht es um die Vermittlung zwischen Gott und der sinnlichen Welt, die geistige Kräfte bilden, welche von Gott ausstrahlen.
Viele Bücher wollen uns die Kabbala näher bringen - und das nicht erst seitdem Madonna aller Welt eröffnet hat, dass die Kabbala ihre religiöse Grundlage sei.
Dieses vorliegende Werk von Dr. Erich Bischoff enthält ausführlich und eingängig das Basiswissen in theoretischer und praktischer Form.
Übersichtlich gegliedert und nachvollziehbar erläutert beschreibt er die Grundprinzipien, die auf den beiden Büchern "Jezirah" und "Sohar" beruhen und macht es uns dadurch sehr einfach, die Kabbala selbst zu erfahren und zu verstehen. Die Ursprünge der Kabbala waren schon vor etwa 5000 Jahren bei den alten Sumerern ausgebildet, den mesopotamischen Vorgängern und den antiken Babyloniern. Manches hiervon tritt uns im Alten Testament als Volksbrauch oder Volksanschauung entgegen, ungemein Vieles aber liegt in Talmud und Midrasch hier und da verstreut.
Nicht selten erscheint Praktisch-Kabbalistisches sogar in reiner Form und in reichem Maß im Althergebrachten, ohne dass wir normalerweise davon wissen.

Aktuelle Informationen über Neuerscheinungen unter:

www.magick-pur.de

Die Kabbalah -
Einführung in die jüdische Mystik und Geheimwissenschaft

von Dr. Erich Bischoff

ISBN 978-3-89094-597-2, 96 Seiten, Softcover, Format DIN-A5

Erich Bischoffs umfangreicheres Studium der kabbalistischen Hauptwerke, des Sohar (selbstverständlich in der Ursprache), führte ihn zu einer tiefgründigen Auffassung des ungemein schwierigen Stoffes. Die Ergebnisse dieser Arbeit, die er schon in den Übersetzungen, Erläuterungen und Abhandlungen seiner zweibändigen Ausgabe der "Elemente der Kabbalah" für viele niederlegen konnte, ist auch diesem Buch zugutegekommen. Der Inhalt dieses Buches ist dadurch bedeutend, gehaltvoller und innerlich reicher, sowie gegenständlicher geworden. Er stellt die Kabbalah ausführlich in wissenschaftlicher Weise dar und macht sie für Anfänger verständlich, als auch Fortgeschrittene begreifbarer.

Bischoff gibt die Lehre der Kabbala erheblich treuer und wesensechter wieder als viele andere Autoren. Er zeigt auf, dass es in der "praktischen Kabbalah", um deren Anwendung in der Magie und um Kenntnisse über Mystik und Okkultismus geht, und beschreibt die praktische Anwendung für alle Interessierten so anschaulich, objektiv und unbefangen, dass sie sich fast von alleine schildert und erklärt. Seine Bücher sind bis heute Standartwerke zur kabbalistischen Lehre, - der Lehre von der Wiederverkörperung der Seelen Verstorbener. Dieses Buch führt zu einem tiefen Verständnis dieser alten Unsterblichkeitslehre.

Die Geschichte der Templer
Die Geschichte des Ordens und seiner Tempelritter

von Dr. Wilhelm Havemann

ISBN 978-3-89094-516-3, 240 Seiten, Softcover, Format DIN-A5

Die Templer, ein geistlicher Ritterorden, entstand zur Zeit der Kreuzzüge in Palästina, indem 1119 neun französische Ritter, an ihrer Spitze Hugo von Payens und Gottfried von St.-Omer, zu einer Gesellschaft zusammenkamen. Sie taten dies um zur Ehre der süßen Mutter Gottes, Mönchtum und Rittertum miteinander zu verbinden und um sich am Grab des Heilands dem keuschen und andächtigen Leben, sowie der tapferen Beschirmung des Heiligen Landes und dem Geleit der Pilger durch die gefährlichen und unsicheren Gegenden zu widmen.

Am 13. Okt. 1307 wurden die Tempelherren in Frankreich mit ihrem Großmeister verhaftet und gleichzeitig begann die Einziehung ihrer Güter. Man erpresste von den Rittern durch die Folter Geständnisse, die dann als unverwerfliche Beweise der Strafbarkeit aller Mitglieder angesehen wurden. Nicht bloß die Reichsversammlung in Tours, auch Papst Clemens V. erklärte die Anklage gegen die Tempelherren für begründet und befahl am 12. August 1308 überall das gerichtliche Einschreiten gegen sie. Der Prozess dauerte bis zum 5. Juni 1311, worauf dann das Konzil von Vienne das Urteil fällen sollte, aber zu fällen sich weigerte.

Doch noch vor dem Schluss der Akten ließ Philipp 54 Ritter verbrennen (12. Mai 1310), denen die Folter kein Geständnis abgezwungen hatte. Papst Clemens V. hob den Orden durch eine Bulle vom 22. März 1312 auf, ohne jedoch ein Verdammungsurteil zu wagen. Der Großmeister wurde mit dem 80-jährigen Großprior Guido von der Normandie und mehreren andern Rittern auf einer Insel der Seine zu Paris 18. März 1313 auf des Königs Befehl, weil er die auf der Folter erzwungenen Geständnisse öffentlich zurückgenommen, bei langsamem Feuer verbrannt. Die Frage was in diesen 200 Jahren geschah und wie es zu dem grausamen Ende der Templer kam, untersucht dieses Buch in aller Ausführlichkeit. Es ist eines der Standardwerke zu diesem Thema.

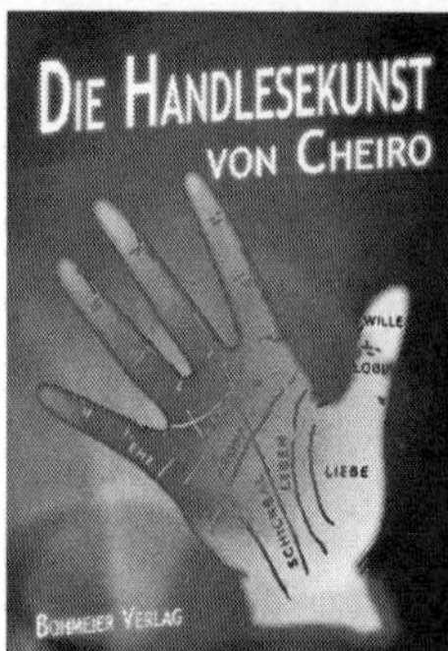
Die Handlesekunst
von Cheiro
Bohmeier Verlag

High werden ohne Drogen
Ein Bewusstseinserweiterndes Handbuch
von Frederick E. Dodson

Krafttiere
Bohmeier Verlag

Das Geheimnis der Dualseelen,
Seelengefährten und Seelengeschwister
von Sandra Ruzischka
Bohmeier Verlag

Des Teufels Apokryphen
Zu jeder Geschichte gibt es zwei Seiten
von John A. De Vito
Bohmeier Verlag

Sternentore
Die rätselhafte sechste Dimension

Die Entsäuerung des Körpers
in 10 Schritten
Der ultimative Jungbrunnen und Schlankmacher!
Das Säure-Basen-Gleichgewicht
Anleitung zur Ausschwemmung krankmachender Säure
Bohmeier Verlag
von Patrizia Pfister

Die geheimen Botschaften,
Manuskripte und Schätze der Templer
in RENNES - LE - CHATEAU
Die Auflösung des kosmischen Geheimnisses
das bisher nur Eingeweihten vorbehalten war
von Monika Hauf

Das Buch der
Werwölfe
von Sabine Baring-Gould
Bohmeier Verlag

Küchenmagie
von Sor. Conata
Bohmeier Verlag